SPAZIERGANG 1 ADMIRALTY, CENTRAL & SOHO

Admiralty und Central bilden zusammen das Geschäftszentrum Hongkongs.
Zwischen den modernen Wolkenkratzern sieht man hier auch noch
Bauwerke aus der Kolonialzeit. Einer ganz anderen Seite Hongkongs
begegnet man auch in Soho, einem Viertel mit Bars und Restaurants.

SPAZIERGANG 2 SHEUNG WAN, SAI YING PUN & KENNEDY TOWN

Drei aufstrebende Stadtteile im Westen von Hong Kong Island. Sheung
Wan ist bekannt für seine hippen Bars und Läden, während Sai Ying Pun
ein Muss ist für "Foodies". Verstreut zwischen den modernen Hotspots
findet man noch historische Tempel, Traditionsgeschäfte und Grünanlagen.

SPAZIERGANG 3 WANCHAI & CAUSEWAY BAY

Diese pulsierenden Stadtteile sind ebenso von fernöstlichen wie von
westlichen Einflüssen geprägt. Causeway Bay ist ein Shoppingparadies,
Wanchai ein Eldorado für Nachtschwärmer. Doch man sieht hier auch noch
alte Teehäuser, Tempel und Frauen, die das Ritual *villain hitting* pflegen.

SPAZIERGANG 4 TSIM SHA TSUI, YAU MA TEI & MONGKOK

Mit der Avenue of Stars, den Museen und Geschäftsstraßen zieht Tsim
Sha Tsui sehr viele Touristen an. In Yau Ma Tei und Mongkok, Stadtteilen,
die vor allem von ärmeren Schichten bevölkert werden, ist immer viel los.
Freuen Sie sich auf zahllose Märkte, Straßengarküchen und kleine Läden.

SPAZIERGANG 5 SAI KUNG

An den Wochenenden fahren die Einheimischen nach Sai Kung. In dieser
Gegend, auch *leisure garden* (Erholungsgebiet) Hongkongs genannt, geht
alles etwas geruhsamer zu als anderswo in der Stadt. Hier starten Schiffe
zu den umliegenden Inseln, warten kleine Restaurants im Hafen auf Gäste
und laden alte Gassen zum Bummeln ein.

SPAZIERGANG 6 LANTAU ISLAND

Die größte Insel Hongkongs hat zwei Gesichter: Einerseits befinden sich
hier Attraktionen, die Touristenscharen anziehen, wie Big Buddha, anderer-
seits gibt es weite Naturparks und malerische, verschlafene Fischerdörfer.

100% HONGKONG

In Hongkong gibt es so viel zu erleben – doch wo fängt man am besten an?
Natürlich möchten Sie die Stadt von Hongkongs Hausberg Victoria Peak aus bewundern oder wie die Einwohner im 19. Jahrhundert mit einer Fähre zu einer der Inseln übersetzen, um dort Fisch zu essen. Außerdem sollten Sie unbedingt ein Dim-Sum-Restaurant, die kleinen Läden und Galerien in den weniger bekannten Gegenden der Stadt sowie einen der beliebten Tempel besuchen. 100% Hongkong zeigt Ihnen, was Sie auf keinen Fall verpassen sollten. Sightseeing & Shopping, Ausgehen & Abenteuer – die übersichtlichen Stadtpläne weisen Ihnen den Weg.

Inhalt

100% ÜBERSICHTLICH > S. 4

UNTERWEGS > S. 8

HONGKONG MIT DEM RAD > S. 10

TOP 10 > S. 12

SPAZIERGANG 1: ADMIRALTY, CENTRAL & SOHO > S. 16

SPAZIERGANG 2: SHEUNG WAN, SAI YING PUN & KENNEDY TOWN > S. 36

SPAZIERGANG 3: WANCHAI & CAUSEWAY BAY > S. 56

SPAZIERGANG 4: TSIM SHA TSUI, YAU MA TEI & MONGKOK > S. 76

SPAZIERGANG 5: SAI KUNG > S. 96

SPAZIERGANG 6: LANTAU ISLAND > S. 116

NOCH ZEIT ÜBRIG? > S. 136

ÜBERNACHTEN > S. 142

INDEX > S. 146

100% übersichtlich

Erleben Sie Hongkongs schönste Viertel auf sechs Spaziergängen. Jeder der Spaziergänge wird in einem eigenen Kapitel beschrieben, an dessen Ende Sie eine detaillierte Stadtteilkarte mit dem Routenverlauf finden. Auf der Karte in der vorderen Umschlagklappe erhalten Sie einen Überblick über die Lage der jeweiligen Stadtteile. Zusätzlich haben wir dort, markiert mit den Buchstaben Ⓐ bis Ⓚ weitere Highlights aufgeführt, die außerhalb der Spaziergänge liegen.

In den sechs Spaziergangskapiteln erfahren Sie, welche Sehenswürdigkeiten Sie entdecken können und wo man gut essen, trinken, shoppen, feiern und relaxen kann. Jede Adresse ist mit einer Nummer ① gekennzeichnet, die Sie im Stadtteilplan am Ende des jeweiligen Kapitels wiederfinden. An der Farbgebung der Nummer erkennen Sie, zu welcher Kategorie die jeweilige Adresse gehört:

- ⚪ Sehenswürdigkeiten
- 🔴 Essen & Trinken
- 🔵 Shoppen
- 🟠 Hongkong live

SECHS SPAZIERGÄNGE

Jeder Spaziergang dauert – ohne Besuch der genannten Adresse – etwa drei Stunden. Die Länge der Strecke (in km) finden Sie über der Wegbeschreibung und auf den einzelnen Stadtteilplänen sehen Sie den genauen Verlauf der Route. Die Beschreibung neben dem Stadtplan führt Sie entlang der Sehenswürdigkeiten zu den schönsten Adressen. So entdecken Sie fast nebenbei die besten Shopping-Gelegenheiten, die nettesten Restaurants und die angesagtesten Cafés und Bars. Wer irgendwann keine Lust mehr hat, der Route zu folgen, kann mithilfe der ausführlichen Tipps und Pläne auch wunderbar auf eigene Faust losziehen.

PREISANGABEN BEI CAFÉS UND RESTAURANTS

Um Ihnen eine Vorstellung von den Preisen in den Cafés und Restaurants zu geben, finden Sie bei diesen Adressen auch Preise. Die Angaben bei den Restaurants nennen – wenn nicht anders verzeichnet – den Durchschnittspreis eines Hauptgerichts. Bei Cafés ist dies der Preis für ein Sandwich oder eine kleine Mahlzeit.

GUT ZU WISSEN

Die meisten Geschäfte sind täglich von 11 Uhr bis 21 Uhr geöffnet, einige wie 7/11 oder OK sogar rund um die Uhr. Ausnahmen sind kleine inhabergeführte Läden, die oft an einem Tag in der Woche geschlossen haben. Sehenswürdigkeiten, zum Beispiel Tempel, schließen ihre Türen meistens um 17 Uhr.

Hongkonger essen gerne außer Haus. Und das ungeachtet der Schlangen, die sich oft vor den Lokalen bilden. Die meisten Restaurants sind zwar bis spätabends geöffnet, machen aber Mittagspause oder servieren mittags nur einen *high tea*. Mittlerweile gibt es auch immer mehr internationale oder vegetarische Restaurants in Hongkong. Einfache Restaurants (*cha chaan tengs*) oder traditionelle Straßengarküchen (*dai pai dongs*) sind preisgünstiger als Restaurants mit westlicher Küche. Ebenfalls günstig sind die Restaurants in Soho, die montags zwei Gerichte für den Preis von einem anbieten. Die meisten Restaurants und Bars berechnen zehn Prozent Aufschlag für den Service. Geschieht dies nicht, ist es deutlich auf der Rechnung vermerkt und es wird Trinkgeld erwartet. So oder so hinterlassen Hongkonger oft ein paar Hongkongdollar als Trinkgeld.

Die beste Zeit für einen Hongkong-Besuch sind die Monate Oktober bis Dezember. Dann ist es angenehm warm (20 bis 25 °C) und es scheint oft die Sonne. In den Monaten Februar bis April fällt viel Regen und es gibt häufig Nebel. Von Mai bis August ist Taifunzeit: Wenn ein Wirbelsturm die Stadt heimsucht, ist das komplette öffentliche Leben lahmgelegt, auch der Nahverkehr. Noch ein wichtiger Hinweis: In Hongkong herrscht Linksverkehr.

In Hongkong bezahlt man mit Hongkong-Dollar (HK $). Trotz der Schwankungen des Wechselkurses zum Euro gilt als Richtwert: ein Euro sind etwa 10 HK $.

TYPISCH HONGKONG

In Hongkong sind die meisten Gebäude klimatisiert. Da die Klimaanlagen in der Regel extrem kalt eingestellt sind, empfiehlt es sich, immer einen Pulli oder Schal dabeizuhaben. Die in der Tourismusbranche tätigen Hongkonger sprechen oft Englisch. Dennoch gibt es Unterschiede: Auf Hong Kong Island und in Teilen von Kowloon wird meistens besser Englisch gesprochen als in den New Territories.
Achtung: In Hongkong herrscht Linksverkehr!

Seit dem 1. Juli 1997 ist die vormals britische Kolonie Hongkong ein Gebietsteil Chinas. Bei der Rückgabe an China wurde jedoch vereinbart, dass bis 2047 die Maxime "ein Land, zwei Systeme" gilt und Hongkong bis dahin kapitalistisch bleibt. Der offizielle Name der Stadt lautet: Hongkong SAR, Sonderverwaltungszone Hongkong der Volksrepublik China. In Großchina ist Hongkong das einzige Gebiet mit demokratischen Grundrechten wie Demonstrations- und Meinungsfreiheit – Rechte, die nach wie vor gerne in Anspruch genommen werden.

GESETZLICHE FEIERTAGE

Kleine Geschäfte und Restaurants sind fast ganzjährig geöffnet. Ausnahme: die ersten drei Tage des chinesischen Neujahrs. Größere Läden schließen auch dann ihre Türen nicht. Für Museen und Sehenswürdigkeiten gelten an diesen Tagen die Öffnungszeiten eines Sonntags.

1. Januar > Neujahr
Ende Januar/Anfang Februar > Chinesisches Neujahr (3 Tage)
März/April > Karfreitag und Ostermontag
Anfang April > Ching-Ming-Festival
1. Mai > Tag der Arbeit
Mitte/Ende Mai > Buddhas Geburtstag
Ende Juni > Drachenbootfest (*Tuen Ng*)
1. Juli > Tag der Gründung der Sonderverwaltungszone Hongkong
Im September > Mittherbstfest
1. Oktober > Nationaler Feiertag
Im Oktober > Chung-Yeung-Festival
25./26. Dezember > Weihnachten

HABEN SIE NOCH TIPPS?

Wir haben diesen Reiseführer mit großer Sorgfalt zusammengestellt. Keine der Adressen hat für ihre Erwähnung oder das Foto bezahlt. Alle Texte wurden von einer unabhängigen Redaktion geschrieben. Das Angebot an Geschäften und Restaurants in Hongkong wechselt regelmäßig. Sollten Sie eine Adresse nicht mehr antreffen oder andere Anmerkungen oder Tipps zu diesem Guide haben, schreiben Sie uns gerne an *info@momedia.com oder* besuchen unsere Facebook-Seite *facebook.com/100travel.*

Unterwegs

ANREISE

Hong Kong International Airport liegt auf Lantau Island, der größten Insel der Stadt. Mit dem öffentlichen Nahverkehr oder einem Taxi sind Sie in wenigen Minuten in der Innenstadt. Und für höchstens 100 Hongkong-Dollar (HK-Dollar) bringt Sie der **Airport Express** in etwa 25 Minuten nach Süd-Kowloon oder Central. Vom Hauptbahnhof aus gibt es kostenlose Busverbindungen zu den diversen Hotels. Wer in einem anderen Stadtteil übernachtet, nimmt am besten den **Airport Bus**, der Ziele in ganz Hongkong ansteuert.

Hongkong ist mit dem **Zug** ebenfalls gut erreichbar. Täglich fährt ein Nachtzug von Beijing und Shanghai in die Sonderverwaltungszone, tagsüber verkehren mehrere Züge auch zwischen Guangzhou und Kowloon (Bahnhof Hung Hom).

ÖFFENTLICHE VERKEHRSMITTEL

Hongkong hat ein gut funktionierendes öffentliches Nahverkehrsnetz. Für Touristen empfiehlt sich die **Octopus Card**, eine aufladbare Chipkarte für alle öffentlichen Nahverkehrsmittel, die Sie auch in 24-Stunden-Läden und Supermärkten zum Bezahlen verwenden können. Für Taxifahrten gilt die Karte leider nicht. Die Octopus Card ist in U-Bahn-Stationen und am Flughafen erhältlich und kostet 150 HK-Dollar (50 HK-Dollar Pfand und 100 HK-Dollar Guthaben).

In der Stadt kommt man am schnellsten und am günstigsten mit der **MTR** (Mass Transit Railway), einer Art **U-Bahn**, voran. Den Netzplan finden Sie hinten in diesem Buch. Wer Shenzhen, die chinesische Stadt oberhalb von Hongkong, besuchen möchte, nutzt die **East Rail Line**.

Orte, die nicht in der Nähe von U-Bahnhöfen liegen, erreicht man am besten mit **Stadt- und Minibussen**. Diese starten an den U-Bahn-Stationen. Informationen über Abfahrtszeiten und Streckenpläne finden Sie auf *www.kmb.hk* und *www.nwstbus.com.hk*. Die grünen Minibusse stoppen an festen Haltestellen, die roten je nach Bedarf. Bei Letzteren gilt: rechtzeitig "jau-lok" rufen, wenn Sie aussteigen möchten. Im Volksmund heißen die Minibusse auch "flying coffins" (fliegende Särge), weil die Fahrer so rasen. Im Norden von Hongkong Island fahren **Straßenbahnen**. Eine Fahrt kostet 2,30 HK-Dollar, Zahlung nur bar (passend!) oder mit Octopus Card beim Aussteigen.

Zu den vorgelagerten Inseln kommt man mit **Fähren**, zwischen Kowloon und Hong Kong Island verkehren Schiffe von Star Ferry. Die größten Inseln sind täglich erreichbar (Abfahrt: Central ferry piers), die kleinen nur an Wochenenden. Auch zwischen Macau und Hongkong besteht eine Fährverbindung.

TAXI

In Hongkong gibt es verschiedene **Taxis**: Die roten fahren überall in der Stadt, die blauen nur auf Lantau Island und die grünen ausschließlich in einigen Teilen der New Territories. Da nicht alle Taxifahrer des Englischen mächtig sind, empfiehlt es sich, bei Hotels einzusteigen oder eine chinesische Übersetzung auf einem Zettel bereitzuhalten.

Hongkong mit dem Rad

Anders als in China ist das Rad in Hongkong kein alltägliches Verkehrsmittel, Radfahrer sind eher vereinzelt auf den Straßen dieser Metropole anzutreffen. Die meisten Einwohner nutzen den öffentlichen Nahverkehr, aber die Zahl derer, die sich mit dem Fahrrad fortbewegen, steigt. Fahrradwege gibt es keine, abgesehen von einem 25 Kilometer langen Freizeitradweg von Tai Wai nach Tai Mei Tuk.

Für 80 HK-Dollar kann man bei den Shops außerhalb von Tai Wai Station (Exit A) Fahrräder mieten – allerdings ohne Fahrradschloss, aber auf Anfrage mit einem Korb, zum Beispiel für ihre Tasche. Der Radweg führt über Tolo Harbour, den neuen Science Park (idealer Ort für eine kurze Pause) und den Tai Po Waterfront Park nach Tai Mei Tuk. Dort können Sie das Fahrrad an einem Sammelpunkt abgeben. Der Bus (20C oder 75K) bringt Sie zur Taipo Market Station. Oder geben Sie das Rad bei einer der zwei Filialen des Verleihers an der Taipo Market Station oder Tai Wai Station ab.

Es gibt Hongkonger, die in kleinen Gruppen Radausflüge machen, aber gute Radfahrer sind die meisten nicht. Deshalb: Vorsicht beim Überholen oder beim Beschleunigen in Tunneln. Das Tragen eines Helms ist nicht vorgeschrieben und daher kaum verbreitet. Da Autofahrer nicht auf Radfahrer eingestellt sind, gilt größte Vorsicht beim Überqueren einer Straße – auch und sogar dann, wenn Sie Vorfahrt haben.

Wer eine richtige Fahrradtour machen will, ist am besten auf einer der Inseln aufgehoben, allen voran Lantau Island. In Mui Wo nutzen auch viele Einwohner das Rad, sodass man dort auf Radfahrer eingestellt ist. Ebenso auf dem kleinen Eiland Cheung Chau Island und der autofreien Insel Lamma Island, auf der es allerdings ziemlich hügelig ist.

In den diversen Naturparks wie Sai Kung West Country Park und Shek O Country Park sind spezielle **Strecken für Mountainbikers** ausgezeichnet. Für einige braucht man eine spezielle Genehmigung, zehn sind jedoch für jedermann frei zugänglich. Mehr Informationen: *www.afcd.gov.hk/eindex.html*.

Restaurants

TOP 10

1 Im **Olde Hong Kong Tea Café** lokale Gerichte mit moderner Note genießen **>** S. 103

2 Freunde von scharfem Essen sind bei **Da Ping Huo** richtig **>** S. 26

3 Tapas und Drinks in entspannter Atmosphäre gibt es bei **Casa >** S. 104

4 Essen mit Meerblick kann man am besten in **The Peak Lookout >** S. 30

5 **Fish & Meat** ist eine tolle Location mit gutem Essen **>** S. 25

6 Einfache lokale Küche ist die Spezialität von **Sister Wah >** 13A Electric Road, Tin Hau

7 Bei **Locofama** sind alle Gerichte bio **>** S. 47

8 Kleine Gerichte mit spanischem Einschlag bekommen Sie bei **22 Ships >** S. 64

9 Für frittierten Fisch, Huhn und Pommes ist **Fish & Chick** die beste Adresse **>** S. 47

10 **Le Bistro Winebeast** bietet köstliches Essen, exzellente Weine und romantisches Flair **>** S. 64

Kunst & Kultur

TOP 10

1 Läden, Galerien, Restaurants – alles unter einem Dach im **PMQ >** S. 50

2 Das **Hong Kong Heritage Museum** besuchen und mehr über Hongkong erfahren **>** 1 Man Lam Road, Sha Tin

3 Im **Wong-Tai-Sin-Tempel** den Duft von Weihrauch erschnuppern **>** S. 137

4 Im Küstenort **Sai Kung** einen Einblick in das Leben der Fischer gewinnen **>** S. 111

5 Moderne Kunst in der **Galerie Above Second** erleben **>** S. 53

6 Im **Hong Kong Museum of History** Informationen sammeln **>** S. 79

7 Gelungene Tarnung: die katholische **St. Mary's Church** im Gewand eines Tempels **>** S. 59

8 **Paper offerings** für die Vorfahren miterleben **>** S. 53

9 Moderne Kunst, Antiquitäten und Trödel finden Sie an der **Hollywood Road >** S. 48

10 Die **Pfahlbauten** von Tai O stehen in starkem Kontrast zum modernen Wohnen in Hongkong **>** S. 123

Chinesische Spezialitäten

TOP 10

1 Freunde chinesischer Pfannkuchen kommen zu **Mr. Bing** > 83 Wellington Street, Central

2 In **Tai O Lookout** werden Waffeln wie früher zubereitet > S.127

3 Experimentierfreudige probieren **Streetfood** in Mongkok > S. 86

4 In Tai Hang Spezialitäten der **dai pai dongs** kosten > S. 62

5 **Australia Dairy Company** serviert lokale Gerichte > S. 84

6 Muscheln in Schwarzbohnensoße gibt es in der **Temple Street** > S. 92

7 Das **Lin Heung Tea House** reicht traditionelle Nudelgerichte > 160-164 Wellington Street, Central

8 Für Fans von Schwein oder Ente vom Grill: **Fung Ming Yuen** > S. 83

9 Schon mal ein Brötchen in Form einer Ananas gegessen? **Sai Kung Café & Bakery** stellt sie her > S. 100

10 **Hotpot**: die ideale Mahlzeit in der kalten Jahreszeit > 1/F, 21-23 Hillwood Road, Tsim Sha Tsui

Sonntags

TOP 10

1 Machen Sie es wie die Hongkonger: nach dem Ausschlafen im **Dim Sum Square** frühstücken **>** S. 42

2 Hongkongs ausländische Hilfskräfte treffen sich sonntags am **Statue Square >** S. 20

3 Über den **Central Farmers Market** schlendern **>** Star Ferry Central Pier

4 Den **Trails** zum Lion Rock oder Dragon's Back folgen **>** S. 138

5 Mit dem **Fahrrad** von Tai Wai nach Tai Mei Tuk fahren und im Tai Po Waterfront Park pausieren **>** S.11

6 Auf der Terrasse der **Ozone Bar** den Sonnenuntergang genießen **>** 1 Austin Road West, Kowloon

7 Einen Tag am Wasser verbringen und ein **Kanu ausleihen >** S. 111

8 Im **Kowloon Park** den Menschen beim Tai-Chi zuschauen **>** S. 91

9 Die **Pferderennen in Shatin**: ein Zeitvertreib am Sonntagnachmittag **>** Penfold Park, Shatin

10 Nach **Lamma Island** übersetzen, um Fisch zu essen **>** S. 138

Admiralty, Central & Soho

1

Central und **Admiralty** sind die zwei **Geschäftsviertel** Hongkongs und bilden zusammen das Finanzzentrum der Stadt. Hier stehen Hunderte **Wolkenkratzer**, in denen Banken und internationale Großkonzerne angesiedelt sind. Dennoch haben auch diese zwei Stadtteile eine lange Geschichte, die mit der britischen Eroberung dieses Teils Chinas ihren Anfang nahm. Zeugnisse jener Zeit – alte Regierungsgebäude und Kirchen wie die **St. John's Cathedral** aus dem 19. Jahrhundert – stehen Seite an Seite mit modernen Hochhäusern.

Die Straßen in Central und Admiralty sind von Geschäftsleuten bevölkert, die auf dem Weg sind zu einem Termin oder in ein Lokal. Bei Hitze bleiben die Einwohner mit Vorliebe in einem der vielen schicken Einkaufszentren oder sie verbringen den Nachmittag in einem der beiden Parks, die nur einen Steinwurf vom Geschäftszentrum entfernt liegen. Touristen kommen zahlreich hierher, da sich hier viele Sehenswürdigkeiten befinden. Absoluter Touristenmagnet ist die alte Straßenbahn, die Fahrgäste zum Hausberg **Victoria Peak** bringt – nicht zuletzt wegen der grandiosen Aussicht auf **Victoria Harbour**.

Soho wurde nicht nach dem gleichnamigen Stadtteil in New York benannt, sondern nach seiner Lage südlich (SOuth) der HOllywood Road. Die schmalen Straßen des Multikulti-Viertels beherbergen zahlreiche Kunstgalerien, Antiquitätenläden und Modeboutiquen, die Auswahl an gemütlichen Cafés, relaxten Bars und hippen Restaurants ist groß.

NUR KURZ HIER? DIESE HIGHLIGHTS DÜRFEN SIE NICHT VERPASSEN:

**+ STAR FERRY + THE PEAK TRAM + CITY HALL MAXIM'S PALACE
+ HONG KONG PARK + SOHO**

ÜBER DIESEN SPAZIERGANG

Dieser Spaziergang führt an verschiedenen berühmten Gebäuden und tollen Restaurants vorbei, im Mittelpunkt stehen jedoch Geschichte und Kultur. Wer diesen Teil der Stadt ausführlich erkunden möchte, sollte dafür einen ganzen Tag einplanen. Hier, wo Alt auf Neu, Arm auf Reich, fernöstliche auf westliche Kultur trifft und Modernes neben Traditionellem steht, erlebt man die Kontraste noch hautnah.

+ EIN MUSS FÜR HONGKONG-NEULINGE
+ AN WOCHENTAGEN LÄSST SICH DAS TÄGLICHE LEBEN NOCH BESSER BEOBACHTEN
+ NICHT FAHRRADTAUGLICH

Sehenswürdigkeiten

(3) Die Beziehung zwischen Hongkong und dem Meer steht im **Hong Kong Maritime Museum** im Mittelpunkt. Hier erfährt man, wie Victoria Harbour als Hafen der britischen Krone entstand oder welche Rolle Wasser heute in unserem Leben spielt. Als großer Hochseehafen, der tagtäglich von riesigen Container- und Kreuzfahrtschiffen angelaufen wird, ist Victoria Harbour ein wichtiger Arbeitgeber: Tausende Arbeiter und Angestellte pendeln täglich mit Fähre oder U-Bahn zwischen Kowloon und Hong Kong Island hin und her.
central ferry pier 8, www.hkmaritimemuseum.org, telefon: 37132500, geöffnet: mo-fr 9.30-17.30, sa-so 10.00-19.00, eintritt: 30 hk $, star ferry: central pier, mtr: central exit a oder hong kong exit a2

(5) Hongkong gehört zu den weltweit größten Finanzzentren, seine Börse zu den umsatzstärksten Aktienmärkten Asiens. Im **HKMA Information Centre** hat die Hong Kong Monetary Authority eine Ausstellung über den Finanzplatz Hongkong eingerichtet. Hier erfährt man mehr über das Wirken der HKMA und wie der Hongkong-Dollar gedruckt wird. Das Zentrum befindet sich in der 55. Etage des zweitgrößten Wolkenkratzers der Stadt. Keine Lust auf eine Ausstellung? Kommen Sie trotzdem hierher, um die atemberaubende Hafenaussicht zu genießen.
55/f, two international finance centre, 8 finance street, central, www.hkma.gov.hk, telefon: 28781111, geöffnet: mo-fr 10.00-18.00, sa 10.00-13.00, führung: mo-fr 14.30, sa 10.30, eintritt: frei (gegen vorlage eines ausweises), mtr: hong kong exit a2 oder central exit a

(7) Der Stil der neuen Regierungsgebäude Hongkongs, die 2011 in Betrieb genommen wurden, sollte den transparenten Charakter der lokalen Legislative unterstreichen. Die Fußgängerbrücke zwischen dem **Legislative Council** (Parlament) und den **Government Offices** (Regierungsgebäuden) symbolisiert die Idee, dass die "Türen immer offen sind" und "die Menschen sich immer verbunden fühlen". Der **Tamar Park**, in dem die Gebäude stehen, stellt das "immer grüne Land" dar.
1 legislative council road, central, www.legco.gov.hk, telefon: 39193441, geöffnet: täglich 9.00-18.00, führung: (engl.) di 15.30 & so 11.00 (nur nach voranmeldung), eintritt: frei, mtr: admiralty exit a

⑧ Sie finden die Stadtentwicklung und Infrastruktur Hongkongs spannend? Dann besuchen Sie die **City Gallery**. Hier erfahren Sie alles über die Zukunftspläne der Stadt wie etwa eine feste Verbindung zwischen Macau und Zhuhai, die Erweiterung des Großflughafens und die enorme Bevölkerungsentwicklung.
3 edinburgh place, central, www.citygallery.gov.hk, telefon: 31021242, geöffnet: mi-mo 10.00-18.00, eintritt: frei, mtr: central exit k

⑨ In der **City Hall** (Rathaus) Hongkongs wurde 1962 die Arbeit aufgenommen, sie galt damals als größtes Kulturzentrum der Stadt. Einen Bürgermeister sucht man hier zwar vergeblich, aber Heiratswillige, Konzertbesucher oder Bücherwürmer sind goldrichtig. Der **Memorial Garden** wurde zum Gedenken an die Opfer des Zweiten Weltkriegs angelegt.
5 edinburgh place, central, www.cityhall.gov.hk, telefon: 29212840, geöffnet: täglich city hall 9.00-23.00, memorial garden 7.30-22.30, eintritt: frei, konzerte (siehe website) wechselnd, mtr: central exit j oder k

⑪ Der **Statue Square** wird auch oft "Empress Square" genannt – nach den Bronzestatuen von überwiegend englischen Fürsten aus den Vorkriegsjahren, die hier standen. Seit den 1990er-Jahren hat sich der Statue Square zum Sonntagstreffpunkt der zahlreichen ausländischen Haushaltshilfen entwickelt.
zwischen der voeux road und der chater road, central, mtr: central exit k

⑫ Das oberste Gericht Hongkongs, der **Court of Final Appeal**, ist wieder dort untergebracht, wo es sich zwischen 1912 und 1978 befand – abgesehen von der Zeit der japanischen Besatzung von 1940 bis 1945. Zuvor beherbergte das zweistöckige neoklassizistische Gebäude mit dorischen Säulen den Legislative Council, der vor Kurzem ein neues Gebäude im Tamar Park bezogen hat.
8 jackson road, central, telefon: 21230123, geöffnet: halle nur während der bürozeiten, eintritt: frei, mtr: central exit k

⑬ Die 1865 in Hongkong gegründete Hongkong and Shanghai Banking Corporation (HSBC) erhielt 1985 einen neuen Hauptsitz, der bis in die kleinsten Details den Vorgaben des Feng-Shui entspricht. Den Ausblick auf den Victoria Harbour gibt es nach wie vor. Vor dem **Hauptsitz der HSBC-Bank** liegen zwei Bronzelöwen, Stephen und Stitt. Ersterer weist Kriegsverletzungen auf, die ihm während der japanischen Invasion zugefügt wurden.
1 queen's road central, central, nicht öffentlich zugänglich, mtr: central exit k

HONG KONG MARITIME MUSEUM ③

⑮ **St. John's Cathedral** ist das älteste Kirchengebäude westlicher Prägung in Hongkong. Der erste Gottesdienst in dieser anglikanischen Kirche fand 1849 statt. Besonderheit: Der Boden, auf dem das neogotische Gotteshaus ruht, gehört der Kirche. Das ist einmalig, denn in Hongkong sind Grund und Boden sonst grundsätzlich Staatseigentum.
4-8 garden road, central, www.stjohnscathedral.org.hk, telefon: 25234157, geöffnet: mo-di & do-fr 7.00-18.00, mi 7.00-18.30, sa-so 7.00-19.30, eintritt: frei, mtr: central exit j2

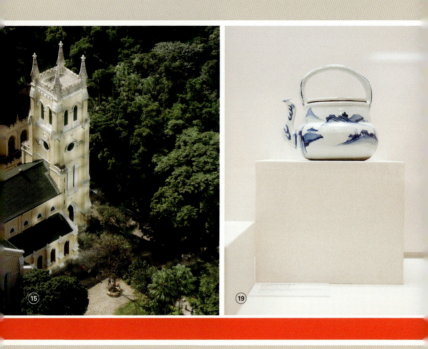

⑲ Ursprünglich war das Gebäude, das seit 1984 das **Flagstaff House Museum of Tea Ware** beherbergt, Büro und Wohnhaus des britischen Oberbefehlshabers. Entstanden ist das Museum als Hommage an die Teekultur. Erfahren Sie, was Ihr Lieblingstee über Ihren Charakter verrät und welche Teekanne zu welcher Sorte passt. Gezeigt wird auch eine kleine Ausstellung über Sojamilch, ein Getränk, das in den Nachkriegsjahren einen Hype erlebte, da es sich als preisgünstige Möglichkeit zur Bekämpfung frühkindlicher Unterernährung erwies.

10 cotton tree drive, central, hk.art.museum, telefon: 28690690, geöffnet: mi-mo 10.00-18.00, eintritt: frei, mtr: admiralty exit c1

㉑ In der chinesischen Kultur ist es üblich, dass jede wichtige Person einen, manchmal auch mehrere Stempel besitzt, um Dokumente zu unterzeichnen oder Kunstwerke mit dem Zeichen ihres Besitzers zu versehen. In der **K.S. Lo Gallery** sind unzählige solcher Stempel ausgestellt, der älteste ist 600 Jahre alt.
hong kong park, admiralty, telefon: 28696690, geöffnet: mi-mo 10.00-18.00, eintritt: frei, mtr: admiralty exit c1

㉒ Ursprünglich diente das Gebäude, in dem das **Asia Society Hong Kong Center** untergebracht ist, der britischen Armee als Munitionsdepot. Heute finden hier Lesungen, Aufführungen und Ausstellungen statt. Das Programm finden Sie auf der Website. Es werden auch Gebäudeführungen angeboten.
9 justice drive, admiralty, asiasociety.org/hong-kong, telefon: 21039511, geöffnet: di-so 11.00-18.00, eintritt: center frei, chantal miller gallery 30 hk $, mtr: admiralty exit c1

㉔ In den **Hong Kong Zoological and Botanical Gardens** können Sie unter anderem Affen, Reptilien oder besondere Vögel beobachten. Außerdem finden Sie im Green House über 150 einheimische Pflanzenarten und im Bauhinia Garden die *bauhinia blakeana*, deren fünfblättrige Blüte die Nationalflagge Hongkongs ziert.
albany road, central, www.lcsd.gov.hk, telefon: 25300154, geöffnet: täglich 5.00-22.00, green house 9.00-16.30, eintritt: frei, bus: 3b, 12 oder 13 ab central bzw. 12a oder 40 ab admiralty

㉕ Die **Catholic Cathedral of the Immaculate Conception**, die römisch-katholische Kathedrale der Unbefleckten Empfängnis, ist eine im 19. Jahrhundert erbaute Kirche im neugotischen Stil. Besonderheit: Die Kapelle beherbergt ein Haar des verstorbenen Papstes Johannes Paul II. Die Kirche hatte darum gebeten, nachdem der ehemalige Papst China hatte besuchen wollen, der Besuch jedoch nicht erlaubt wurde.
16 caine road, central, cathedral.catholic.org.hk, telefon: 25228212, geöffnet: täglich 7.00-19.00, eintritt: frei, bus: 23 ab admiralty stop caritas centre

Essen & Trinken

(2) Ob Mittagessen oder Kaffee mit einem süßen Snack – das **Café 8** auf dem Dach des Maritime Museum ist immer eine gute Adresse. Nicht nur, weil alles frisch aus hochwertigen Zutaten zubereitet wird. Das Besondere an diesem hell und modern eingerichteten Lokal ist sein Personal: Hier arbeiten Menschen mit Minderbegabung, die so Teil der Gesellschaft bleiben können.
roof level, hong kong maritime museum, central pier 8, central, www.cafe8.org, telefon: 37912158, geöffnet: mo-mi 9.15-18.15, do-fr 9.15-21.00, sa 10.00-21.00, so 10.00-19.00, preis: 40 hk $, star ferry: central pier, mtr: central exit a oder hong kong exit a2

(10) Neugierig, was der nächste Servierwagen des **City Hall Maxim's Palace** zu bieten hat? Probieren Sie am besten möglichst viel aus, denn nur so erfahren Sie, welche Dim Sums Sie ganz besonders mögen. Da das Lokal sehr beliebt ist, sollte man frühzeitig da sein, um längere Wartezeiten zu vermeiden. Achtung: Verwechseln Sie das Restaurant in der zweiten Etage der City Hall nicht mit dem City Hall Maxim's Café im ersten Stock.
5 edinburgh place, 2/f, city hall low block, central, www.cityhall.gov.hk, telefon: 25211303, geöffnet: mo-sa 11.00-15.00 & 17.30-23.30, so 9.00-15.00 & 17.30-23.30, preis: dim sum 32-58 hk $, mtr: central exit j oder k

(20) Das **LockCha Tea House** ist ein chinesischer Teesalon. Sie verstehen wenig von Tee? Lassen Sie sich vom sachkundigen Personal beraten oder nehmen Sie an einem Workshop teil. Lohnend sind auch die vegetarischen Dim Sums und die kantonesische Livemusik, der man hier an Wochenenden lauschen kann.
g/f, the k.s. lo gallery, hong kong park, admiralty, www.lockcha.com, telefon: 28017177, geöffnet: täglich 10.00-22.00, jeder erster di im monat geschlossen, preis: dim sum 25-48 hk $, mtr: admiralty exit c1

(23) Die Terrasse des Bar-Restaurants **L16** liegt mitten im Hong Kong Park. Genießen Sie ein kühles Erfrischungsgetränk oder ein Bier, während im Hintergrund Kinderstimmen und Vogelgezwitscher ertönen. Auch empfehlenswert: die Mittagsmenüs mit klassischen Thai-Gerichten wie Phat Thai oder Satay.
19 cotton tree drive, admiralty, www.l16.com.hk, telefon: 25226333, geöffnet: täglich 11.00-23.00, preis: mittagsmenü 133 hk $, abendmenü für 2 pers. 318 hk $, mtr: admiralty exit c1

LOCKCHA TEA HOUSE ⑳

⑳ Für eine einfache, aber gute Mahlzeit sind Sie im **Fish & Meat** gut aufgehoben. Auf Qualität und Frische der Zutaten wird großen Wert gelegt. Preiswert ist das Essen zwar nicht, aber das vergisst man schon beim ersten Bissen. Unbedingt probieren sollten Sie den gegrillten Steinbutt mit Karottenpüree und Garnelenbutter oder die hausgemachten Tagliatelle mit Huhn und Trüffel. An warmen Frühlings- oder Herbstabenden wird das Essen auch draußen an Picknicktischen serviert.
2/f, 30-32 wyndham street, central, www.fishandmeat.hk, telefon: 25656788, geöffnet: täglich 11.00-23.00, preis: 300 hk $, mtr: central exit g

(28) Für Vegetarier ist Hongkong nicht gerade ein Traumziel. Doch es gibt Lokale wie das **Colette's** mit einem sehr umfangreichen vegetarischen Lunchbuffet. Namensgeberin des Restaurants, das übrigens zum Fringe Club (siehe Nr. 27) gehört, ist die Schauspielerin und Künstlerin Colette Koo. Kein Wunder, dass das Lokal ganz im Zeichen der Kunst steht: Die Kunstschaffenden, deren Fotografien und Gemälde an den Wänden hängen, stellen ihre Werke oft selbst im Fringe Club oder im Colette's vor.
2/f, 2 lower albert road, central, telefon: 25217251, geöffnet: mo-do 12.00-0.00, fr-sa 12.00-2.00, mittagsbuffet mo-fr 12.00-14.00, preis: 75 hk $, vegetarisches mittagsbuffet 118 hk $, mtr: central exit g

(29) Das **Yung Kee Restaurant** ist berühmt für seine Spezialität: gegrillte Gans. Um einen Tisch in dem beliebten Lokal zu ergattern, stellen sich die Hongkonger ohne Murren stundenlang an. Am besten frühzeitig kommen oder die Gerichte zum Mitnehmen bestellen und gemütlich auf einer Parkbank essen.
32-40 wellington street, central, www.yungkee.com.hk, telefon: 25221624, geöffnet: täglich 11.00-23.30, preis: 250 hk $, mtr: central exit d2

(33) Liebhaber pikanter Traditionsgerichte aus der chinesischen Provinz Sichuan werden sich im **Da Ping Huo** wohlfühlen, nicht zuletzt wegen der gemütlichen Atmosphäre. Betrieben wird das Lokal von einem reizenden Paar: Die Frau kocht und erfreut ihre Gäste mit chinesischen Arien, ihr stolzer Ehemann serviert die leckeren Gerichte.
lg/f, 49 hollywood road, soho, central, telefon: 25591317, geöffnet: täglich 12.30-14.30 & 18.00-23.30 (für abends tischreservierung erforderlich), preis: 250 hk $, mtr: central exit d2

(34) **Soho** ist ein pulsierendes, multikulturelles Viertel, das von Einflüssen aus aller Welt geprägt ist. Restaurants und Cafés gibt es in Hülle und Fülle – Vietnamesen neben belgischen Lokalen, schicke Restaurants neben irischen Pubs. Vor allem abends tummeln sich hier zahlreiche Hongkonger und Expats, die auf dem Heimweg noch schnell einen Drink nehmen. Tipp: Montags bekommt man in den meisten Restaurants zwei Hauptgerichte zum Preis von einem.
zwischen hollywood road und robinson road, mtr: central exit d2

㉟ In **The Roundhouse Taproom** werden 25 verschiedene Biere von Mikrobrauereien frisch gezapft. Bei der Auswahl ist der Barkeeper gerne behilflich. Wer etwas mehr über eine Sorte wissen will, findet im Lokal Informationstäfelchen. Und wer sich nicht entscheiden kann, nutzt die Möglichkeit zur Verkostung mit sechs verschiedenen Sorten in kleinen Gläsern.

g/f, 62 peel street, central, roundhouse.com.hk, telefon: 23664880, geöffnet: täglich 12.00-0.00, preis: verkostung: 130 hk $, mtr: central exit d2

MR SIMMS OLDE SWEET SHOPPE

Shoppen

(4) Handel und Geld spielen seit jeher eine große Rolle in Hongkong. Zum Ausdruck kommt dies auch in den zahlreichen schicken Shoppingcentern überall in der Stadt, die sich in puncto Luxus gegenseitig zu übertreffen versuchen. Eines davon ist die **IFC Mall** mit unzähligen Läden und einem herrlichen Blick auf das Wasser in Richtung Kowloon.
8 finance street, central, www.ifc.com.hk, telefon: 22953308, geöffnet: täglich 10.30-20.00, mtr: hong kong exit f oder central exit a

(30) Sie sind ein beliebtes Fotomotiv in Hongkong: **The Lanes** mit ihren Marktständen mit Taschen, Kleidung, Handyhüllen und Accessoires. Auf dem Markt, der sich über zwei Gassen erstreckt, findet man immer ein schönes Mitbringsel für zu Hause.
li yuen street east und li yuen street west, central, geöffnet: täglich 10.00-20.00, mtr: central exit d2

(32) Lust auf englische Süßigkeiten? Dann auf zu **Mr Simms Olde Sweet Shoppe**. Hongkonger decken sich hier gerne mit großen Mengen ein. Es scheint fast, als hätten sie etwas nachzuholen – vielleicht, weil es die Süßwaren interessanterweise unter britischer Herrschaft nicht gab.
37 lyndhurst terrace, central, fb mrsimmshk, telefon: 81926138, geöffnet: täglich 10.00-20.00, mtr: central exit d2

Hongkong live

(1) Wer Hongkong wie zu Zeiten der Kolonialherrschaft erleben will, der sollte mit der Fähre nach Victoria Harbour fahren. Die Aussicht ist spektakulär, vor allem am Abend! Im 18. Jahrhundert war die Fähre die einzige Möglichkeit, von Hong Kong Island nach Kowloon zu gelangen. Betreiber ist das 1898 gegründete Unternehmen **Star Ferry**. Für diesen Namen ließ sich der Inhaber von einem Gedicht inspirieren. Wie die Fahrgastzahlen belegen, haben die Fähren als Transportmittel nichts an Beliebtheit eingebüßt – trotz der Konkurrenz von Verkehrstunneln und U-Bahn.
central ferry pier 7, central, www.starferry.com.hk, telefon: 23677065, geöffnet: täglich 6.30-23.30, preis: mo-fr 2,50 hk $, sa-so 3,40 hk $

(6) Ein ganz besonderes Erlebnis ist eine 20-minütige Fahrt mit dem **Hong Kong Observation Wheel**. Dabei können Sie den Blick aus 60 Metern Höhe über Victoria Harbour und Kowloon schweifen lassen. Erbaut wurde das Riesenrad 2014 als Gegenstück zu Londons Wahrzeichen London Eye. Noch spektakulärer ist die Fahrt während des recht kurzen Sonnenuntergangs.
33 man kwong street, central, www.hkow.hk, geöffnet: täglich 11.00-22.45, preis: 100 hk $, mtr: central exit a oder hong kong exit a2

(14) Im Cheung Kong Centre hat Li Ka Shing, einer der vermögendsten und einflussreichsten Geschäftsmänner Asiens, sein Büro. Direkt neben dem Gebäude liegt der **Cheung Kong Park**, eine nach den Vorgaben des Feng-Shui angelegte Oase der Stille mit plätscherndem Wasser, bewusst angeordneten Steinen und gewundenen Wegen.
2 queen's road central, central, mtr: central exit j2

(16) **The Peak Tram** und **Victoria Peak** gehören zu den größten Touristenattraktionen Hongkongs. Die Straßenbahn wurde 1888 in Betrieb genommen und bringt Sie zum 552 Meter hoch gelegenen Victoria Peak. An klaren Tagen wird die Fahrt hinauf mit einer grandiosen Aussicht belohnt. Weiterer Tipp: der Peak Circle Walk, ein Wanderweg um den Gipfel, The Peak. Anschließend kann man sich im Garten des Restaurants **The Peak Lookout** erholen.
128 peak road, the peak, www.thepeak.com.hk, www.peaklookout.com.hk, telefon: 25220922, the peak tram: täglich 7.00-0.00, preis: einfache fahrt: 28 hk $, the peak tram: ab garden road oder bus: 15 ab central ferry pier oder admiralty

STAR FERRY ①

⑯ **VICTORIA PEAK**

(17) Der **Bank of China Tower** ist vielen Hongkongern ein Dorn im Auge. Die Linienführung, die scharfen Kanten und Ecken sowie die X-förmigen Elemente widerstreben den Vorgaben des Feng-Shui. Das Gebäude erinnert an eine Bambuspflanze, das Symbol der Hoffnung. Tipp: Vergessen Sie Ihren Ausweis nicht, wenn Sie den Aussichtspunkt in der 43. Etage besuchen möchten.
1 garden road, central, telefon: kein telefon, geöffnet: mo-fr 8.00-20.00, sa 8.00-14.00, eintritt: frei (gegen vorlage eines ausweises), mtr: central exit j2

(18) Der **Hong Kong Park** eignet sich bestens, um der Hektik der Stadt kurz zu entfliehen. Entspannen Sie sich im **Tai Chi Garden** oder gedenken Sie beim SARS Memorial der Menschen, die 2003 der schrecklichen Krankheit zum Opfer fielen. Werfen Sie auch einen Blick in die riesige **Aviary**-Voliere. Als Fotokulisse ist der Park bei Hochzeitspaaren sehr beliebt, die sich gleich um die Ecke in der Cotton Tree Drive das Jawort gegeben haben.
19 cotton tree drive, central, www.lcsd.gov.hk, telefon: 25215041, geöffnet: täglich 6.00-23.00, aviary 9.00-17.00, eintritt: frei, mtr: admiralty exit c1

(27) In Hongkong gibt es nur wenige Lokale, in denen Nachwuchskünstler kostenlos ihr Können zeigen dürfen. Der **Fringe Club** zählt dazu. Das Programm ist daher sehr abwechslungsreich und umfasst Vorstellungen lokaler Theatergruppen ebenso wie Auftritte von Livebands. Das anschließende Gespräch mit den Kreativen in der Galerie, in der Werke lokaler Künstler hängen, ist im Preis inbegriffen. Informationen über das Programm finden Sie auf der Website.
2 lower albert road, central, www.hkfringeclub.com, telefon: 25217251, geöffnet: täglich ab 12.00, eintritt: siehe website, mtr: central exit g

(31) Die Central **Mid-Levels Escalators** sind eine fast 800 Meter lange Rolltreppenkonstruktion, die das Geschäftsviertel Central mit der Wohngegend Mid-Levels verbindet und täglich 85.000 Fußgänger transportiert. Von 6 Uhr bis 10 Uhr kann man nur abwärts fahren, dann bis Mitternacht ausschließlich nach oben. Begleiten Sie die Einheimischen und erleben Sie das pulsierende Hongkong hautnah.
zwischen 100 queen's road central, central und conduit road, mid-levels, geöffnet: täglich 6.00-0.00, mtr: central exit d2

Admiralty, Central & Soho

SPAZIERGANG 1 (ca. 8 km)

Von der Fähre Star Ferry ① geht es Richtung Pier 8 und dort die Treppe hinauf ② ③. Über die Fußgängerbrücke erreichen Sie die IFC Mall ④. Danach den Schildern Richtung HKMA ⑤ folgen. Zurück über die Brücke zum Pier 8 und dann zum Pier 9 mit dem Riesenrad ⑥. Weiter am Wasser entlang zum Tamar Park ⑦. Die Treppe an der Parkwestseite hinab und die zwei Zebrastreifen überqueren ⑧ ⑨ ⑩. An der Ampel nach dem Garten die Straße überqueren, nach etwa 50 Metern die Treppe hinabsteigen und den Fußgängertunnel nehmen. Hinauf zum Statue Square ⑪. An der Ampel die Straße überqueren ⑫ und das HSBC-Gebäude unterqueren ⑬. Die Straße überqueren und mit der Rolltreppe hinauf zum Park ⑭ und zur Kirche ⑮. Diese rechts umrunden, die Treppen hinabgehen und Richtung Peak Tram ⑯ gehen. Zurück zur Treppe, oben die Straße überqueren und über die Fußgängerbrücke einen tollen Aussichtspunkt ⑰ aufsuchen. Über die Fußgängerbrücke die Cotton Tree Drive Richtung Hong Kong Park ⑱ überqueren. Links in den Park ⑲ ⑳ ㉑. Um zur Asia Society ㉒ zu gelangen, beim Springbrunnen links, beim Ausgang rechts und beim Kreisverkehr wieder rechts. Ansonsten im Park nach dem Springbrunnen rechts ㉓. Die Treppe hinauf und den Schildern Richtung Tai Chi Garden und Aviary folgen. Die Treppe Richtung Kennedy Rd nehmen, rechts abbiegen und nach fünf Gehminuten den Zebrastreifen überqueren. Den Tunnel nehmen, den Schildern Garden Road/Zoological Park ㉔ folgen. Nach links und die Treppe hinauf in Richtung Fountain Terrace Garden. Nach der Brücke kommen Sie zu den Tieren. Hinter dem Affengehege links. Am Ende die Glenealy überqueren und zur St. Joseph's Terrace ㉕ gehen. Zurückgehen und links wieder in die Glenealy. Vor der großen Straße rechts den Fußgängertunnel nehmen und der Straße folgen ㉖. An der Ampel die Straße überqueren ㉗ ㉘. Zurück nach oben und dann rechts in die D'Aguilar St. In der Wellington St (links) Gans essen ㉙. Weitergehen und links in die Queen's Rd. In der 3. und 4. Querstraße rechts befinden sich The Lanes ㉚. Die Rolltreppe links nehmen ㉛. Nach Erreichen der nächsten Ebene rechts hinuntergehen. Die Rolltreppe des Escalators bis Lyndhurst Terrace nehmen und dann rechts hinunter ㉜. Rechts in die Hollywood Rd ㉝. Zurückgehen, der Hollywood Rd folgen, dann rechts in die Shelley St. Jetzt sind Sie in Soho ㉞. Hinaufgehen und rechts in die Elgin St., danach links in der Peel St ㉟ den Spaziergang abschließen.

Sheung Wan, Sai Ying Pun & Kennedy Town

In den ersten Jahren der britischen Herrschaft waren Sheung Wan, Sai Ying Pun und Kennedy Town bedeutende Stadtteile. In der **Possession Street** in **Sheung Wan** entstand 1841 sogar das erste Lager der britischen Armee. In den 1950er- und 1960er-Jahren verwahrlosten diese Viertel auf Hong Kong Island dann zusehends und wurden fast ausschließlich von ärmeren Bevölkerungsschichten bewohnt. Die miserablen oder fehlenden Verbindungen zu anderen Teilen von Hong Kong Island und Kowloon waren mitverantwortlich für diese Entwicklung.

Inzwischen erfreuen sich Sheung Wan und **Sai Ying Pun** wachsender Beliebtheit. Die niedrigen Mieten und die bevorstehende Erweiterung des U-Bahn-Netzes tragen dazu bei, dass die Viertel an Attraktivität gewinnen. In Sheung Wan befinden sich zahlreiche hippe Bars und Läden und Sai Ying Pun ist heute schon ein Paradies für "Foodies". Das Publikum besteht vor allem aus jüngeren Hongkongern. In manchen Bereichen wirkt alles auch noch sehr traditionell. In Sheung Wan etwa gibt es noch zahlreiche kleine Läden, die sich ganz der alten chinesischen Heilkunde und der chinesischen Kultur verschrieben haben. Die Einwohner dieser Gegend sind vor allem Ältere, die die günstigen Mieten schätzen, es ziehen aber auch immer mehr junge Familien und Expats hierher.

Kennedy Town ist noch am wenigsten entwickelt, aber auch hier sind erste Tendenzen zu erkennen. Die neue U-Bahn-Station und der Meerblick sind für viele Hongkonger und Expats Grund genug, hierherzuziehen. Und die niedrigen Mieten für Gastronomieflächen machen diesen Teil der Stadt auch sehr attraktiv für Gastwirte.

NUR KURZ HIER? DIESE HIGHLIGHTS DÜRFEN SIE NICHT VERPASSEN:

**+ PMQ + MAN-MO-TEMPEL + STRASSENBAHNFAHRT
+ TEAHKA + CAT STREET**

ÜBER DIESEN SPAZIERGANG

In diesem Spaziergang geht es treppauf und treppab. Wer nicht gut zu Fuß ist, sollte den ersten Abschnitt (bis Nummer 18) oder die Tour im Ganzen besser auslassen. Interessant sind vor allem die Hollywood Road und die Tai Ping Shan Street sowie die jeweilige Umgebung. Weichen Sie ruhig mal von der Route ab, um die vielen Läden, Galerien, Cafés und Restaurants zu entdecken.

+ FÜR FANS VON GUTEM ESSEN, KUNST UND ANTIQUITÄTEN
+ UM DIE MITTAGSZEIT STARTEN, DENN LÄDEN UND LOKALE ÖFFNEN OFT SPÄT
+ NICHT FAHRRADTAUGLICH

Sehenswürdigkeiten

⑦ Im **Dr. Sun Yat-sen Museum** erfahren Sie alles über den chinesischen Revolutionsführer und Gründer der chinesischen Republik. Der Mediziner, der in Hongkong sein Studium absolvierte, war beseelt von der Idee, China zu modernisieren und wurde – fast zwangsläufig – auch der erste Präsident der neuen Republik.
7 castle road, mid-levels, central, hk.drsunyatsen.museum, telefon: 23676373, geöffnet: mo-mi & fr 10.00-18.00, sa-so 10.00-19.00, eintritt: 10 hk $, mi frei, mtr: sheung wan exit a2 oder central exit d

⑧ Das **Hong Kong Museum of Medical Sciences** hat es sich zum Ziel gesetzt, Besuchern die Übereinstimmungen und Unterschiede zwischen der chinesischen Heilkunde und der westlichen Medizin aufzuzeigen. Besonders interessant: die Ausstellung über die SARS-Epidemie 2003.
2 caine laine, mid-levels, central, www.hkmms.org.hk, telefon: 25495123, geöffnet: di-sa 10.00-17.00, so 13.00-17.00, eintritt: 20 hk $, mtr: sheung wan exit a2

⑨ Der 1847 fertiggestellte **Man-Mo-Tempel** wurde dem Gott der Literatur (Man) und dem Gott des Krieges (Mo) geweiht und wird von vielen Hongkongern zum Beten genutzt. Eltern, die für ihre Kinder mehr Erfolg in der Schule erbitten, kommen ebenso hierher wie Studenten. Der Raum ist voller Weihrauch, der die Gebete angeblich zu den Göttern bringt.
124-126 hollywood road, sheung wan, telefon: 25400350, geöffnet: täglich 8.00-18.00, eintritt: frei, mtr: sheung wan exit a2

⑮ Von außen wirkt der **Kwong Fuk Ancestral Hall "Pak Tsing Temple"** etwas heruntergekommen und verlassen. Dass zumindest Letzteres nicht stimmt, wird klar, wenn man oben an der Treppe zur Ahnenhalle angekommen ist. Der kleine Raum ist von Hausfrauen aus der Nachbarschaft und jungen Paaren bevölkert, die den Göttern ihre Opfer darbringen.
40 tai ping shan street, sheung wan, geöffnet: täglich 8.00-17.00, eintritt: frei, mtr: sheung wan exit a2

⑮ **KWONG FUK ANCESTRAL HALL**

㉒ Der **Western Market** ist das erste Marktgebäude Hongkongs. Markant an dem 1906 fertiggestellten Haus im Edwardischen Stil sind das rote Mauerwerk und die Granitbögen. Heute findet hier kein Markt mehr statt, dafür gibt es Läden mit Stoffen und Antiquitäten.
323 des voeux road central, sheung wan, www.westernmarket.com.hk, telefon: 60292675, geöffnet: täglich 10.00-19.00, mtr: sheung wan exit a2

㉘ Der **Sun Yat-sen Memorial Park** liegt zwischen dem Meer und Wolkenkratzern. Mitten im Park wird eine Grünfläche von einer fünf Meter hohen Statue von Dr. Sun Yat-sen beherrscht. Angefertigt wurde sie von einem lokalen Künstler, dargestellt ist der Gründer der Republik China als junger Mann, nach der erfolgreichen Revolution auf dem Weg nach Wuhan.
18 eastern street north, sai ying pun, telefon: 28582493, geöffnet: täglich 7.00-23.00, mtr: sai ying pun exit a2

㉛ Der **Lo-Pan-Tempel** ist der einzige Tempel Hongkongs, der Lo Pan, dem Gott der Bauarbeiter und Zimmerer, geweiht ist. Er ist nicht leicht zu finden (erreichbar über den Li Po Lung Path), aber die Mühe lohnt sich. Außergewöhnlich ist das schwarze Dach, denn sonst sind die Dächer der Tempel meist grün oder rot. Die Holzarbeiten im Inneren stammen aus dem Jahr 1884. Auf beiden Seiten der Tür ist ein Gedicht verewigt, das Lo Pans Bedeutung für die Architektur hervorhebt.
15 ching lin terrace, via li po lung path, kennedy town, telefon: 28022880, geöffnet: täglich 9.30-17.00, eintritt: frei, mtr: kennedy town exit b

Essen & Trinken

(2) Auf der Suche nach bezahlbaren, aber guten Dim Sums? Dann sollten Sie den **Dim Sum Square** ansteuern. Besonders empfehlenswert ist das *BBQ pork bun*, nicht zuletzt deshalb, weil das Fleisch in einem knusprigen Brötchen statt im sonst üblichen Teigmantel serviert wird.
27 hillier street (eingang in der jervois street), sheung wan, telefon: 28518088, geöffnet: mo-fr 10.00-22.00, sa-so 8.00-22.00, preis: dim sum 16-33 hk $, mtr: sheung wan exit a2

(3) Das **Brew Bros Coffee** ist eine Kaffeebar im Melbourne-Style. Das ist nicht weiter verwunderlich, denn die Betreiber haben sich in der australischen Stadt kennengelernt. Sogar die Kaffeebohnen stammen aus Down Under. Probieren Sie den Filterkaffee, der mit viel Liebe und Sorgfalt zubereitet wird. Sie mögen keinen Kaffee? Dann bestellen Sie einen Chai Latte. Außer montags wird hier täglich ein gutes Frühstück oder Mittagessen serviert.
lg/f, 33 hillier street, sheung wan, fb brewbroscoffee, telefon: 25720238, geöffnet: di-so 8.00-18.00, preis: kaffee 32 hk $, mtr: sheung wan exit a2

(6) Das **Common Ground** ist aus einer Kooperation der in dieser Gegend aufgewachsenen Zwillingsbrüder von Twin Kitchen und der Brüder von Protest Design, einem hippen Lifestylelabel, entstanden. Das Ergebnis: ein urgemütliches und inzwischen sehr beliebtes Kaffeehaus mit Laden für Accessoires wie Armbanduhren und Sonnenbrillen. Tipp: den Kaffee mitnehmen und auf den Treppen neben dem Café genießen.
g/f, 19 shing wong street, central, fb commongroundhk, telefon: 28188318, geöffnet: mo-fr 11.00-19.00, sa-so 10.00-19.00, preis: tee 32 hk $, mtr: sheung wan exit a2

(12) Das **Café Deadend** liegt in einer aufstrebenden Gegend, die unter dem Namen PoHo bekannt ist. Vor allem in der Mittagszeit ist hier viel los, dann bevölkern die lokalen Hipster das Café und es ist schwer, einen Tisch zu ergattern. Wenn es geklappt hat, können Sie sich Bio-Salate, Sandwiches oder eine Suppe schmecken lassen. Das ofenfrische Brot stammt aus der benachbarten Bäckerei und enthält keinerlei künstliche Zutaten.
72 po hing fong, sheung wan, fb cafedeadend, telefon: 67167005, geöffnet: di-so 9.30-18.00, preis: brötchen & getränk 75 hk $, mtr: sheung wan exit a2

DIM SUM SQUARE ②

⑭ Bei **Teahka** wird jede Tasse Tee mit größter Sorgfalt zubereitet. Außer Tee, der aus Teeblättern und Wasser gemacht wird, so wie wir es kennen, stehen auch diverse Sorten auf der Karte, die mit Milch zubereitet werden, wie etwa Masala Chai. Die Gestaltung des Cafés entspricht den *zakka*-Prinzipien, die besagen, dass das Leben einfacher und leichter wird, wenn man sich mit fröhlichen Sachen umgibt. Daher stehen in den Regalen hübsche kleine Bilder, knallbunte Thermoskannen und schöne Teeservice.

18 tai ping shan street, sheung wan, teakha.com, telefon: 28589185, geöffnet: di-so 11.00-19.00, preis: 33 hk $, mtr: sheung wan exit a2

⑰ Das **208 Duecento Otto** ist eine schicke Restaurant-Bar auf zwei Ebenen: unten die Bar, oben das Restaurant. Die Bar ist gerade bei Expats beliebt, die schon lang in Hongkong wohnen. Tagsüber werden kleine Mittagsgerichte angeboten, im Restaurant wird italienisches Essen serviert.
208 hollywood road, sheung wan, www.208.com.hk, telefon: 25490208, geöffnet: mo-do 12.00-22.30, fr 12.00-23.00, sa 11.00-23.00, so 11.00-21.30, preis: 250 hk $, mtr: sheung wan exit a2

⑲ Lust auf ein gefülltes Brötchen auf China-Art? Dann ist **Mingji Shanghai Snacks** ein guter Tipp. Unbedingt probieren: die Variante mit traditionellem Grillfleisch, mit Steak und Karotten, mit Huhn und Frühlingszwiebeln oder vegetarisch mit Pilzen, Frühlingszwiebeln und Karotten. Zubereitet werden die gefüllten Brötchen im Bambusdämpfer, gegessen aus der Hand.
9 possession street, sheung wan, geöffnet: täglich 7.00-20.00, preis: 8 hk $, mtr: sheung wan exit a2

⑳ Chiu Chow oder Chaozhou ist ein Gebiet in Hongkongs Nachbarprovinz Guangdong und die Geburtsregion vieler Hongkonger. Wie das Essen aus der Region schmeckt, können Sie im **Chan Kan Kee Chiu Chow Restaurant** erfahren. In dem 1948 gegründeten Lokal werden typische Gerichte serviert wie Austernpfannkuchen, gedünsteter Aal mit Pflaumen- und Sojasoße oder frittierte Ente mit *taro* (Wurzelgemüse).
11 queen's road west, sheung wan, telefon: 28580033, geöffnet: täglich 11.00-22.00, preis: 100 hk $, mtr: sheung wan exit a2

㉓ Das **Grand Stage** im Western Market, ein Restaurant in einem hohen Ballsaal mit großen Kronleuchtern, verbindet kulinarischen Genuss mit Tanz. Keine Lust zu tanzen? Dann sehen Sie einfach den anderen Pärchen zu, am besten vom Balkon aus. Allerdings ist es nicht immer leicht, hier einen Tisch zu ergattern. Die Karte ist mit traditionellen Dim-Sum-Gerichten wie Garnelen im Teigmantel bespickt, es gibt aber auch Seeohren (Schnecken) oder Toastbrot mit Thunfisch und Wasabi.
2/f, 323 des voeux road central, sheung wan, telefon: 28152311, geöffnet: täglich 11.30-15.00 & 19.00-0.00, preis: 150 hk $, mtr: sheung wan exit a2

TEAKHA 14

⑰ **208 DUECENTO OTTO**

㉚ Immer mehr Hongkonger schwören auf biologische Gerichte aus lokalen Zutaten. Der Koch des Restaurants **Locofama** verarbeitet ausschließlich Gemüse aus Hongkong. Empfehlenswert sind unter anderem der Quinoa-Salat mit Chia-Samen, die Nudeln mit Wildpilzen oder die Quesadilla mit Spinat und Mozzarella. Im hauseigenen Laden kann man nach dem Essen noch einkaufen. Gegenüber befindet sich das Grassroots Pantry, das auch vegetarische Gerichte anbietet.
9-13 fuk sau lane, sai ying pun, fb locofama, telefon: 25477668, geöffnet: täglich 11.00-22.00, preis: 100 hk $, mtr: sai ying pun exit b2

㉜ Lust auf einen Brunch oder ein ausgiebiges Essen? Dann sind Sie im **K-Town Bar & Grill** richtig. In dem kinderfreundlichen Lokal lässt sich abends auch wunderbar in ganz entspannter Atmosphäre jenseits aller Hektik der Stadt ein Cocktail genießen.
44 forbes street, kennedy town, telefon: 28551368, geöffnet: täglich 8.00-22.00, preis: 100 hk $, mtr: kennedy town exit c

㉝ Sushi-Fans geht im **Gutlee Sushi** das Herz auf. Das Restaurant versteckt sich hinter einer eleganten Tür, von der Sie sich nicht abschrecken lassen dürfen. Das Innere ist geprägt von einer typisch japanischen Einrichtung mit besonderen Lampen und Bildern. Setzen Sie sich an die Bar, wenn Sie den Köchen beim Kneten der perfekten Reiskugel, dem Schneiden von Sashimi oder dem Falten von Seetang über die Schulter schauen wollen.
24 davis street, kennedy town, telefon: 28181923, geöffnet: täglich 12.00-21.00, preis: 150 hk $, mtr: kennedy town exit c

㉟ Wie der Name schon verrät, stehen auf der Karte von **Fish & Chick** in erster Linie Fisch und Huhn, meistens in Begleitung von Pommes. Genauso seltsam wie diese Kombination ist die Einrichtung des bei Hongkongern beliebten Restaurants: weiße und blaue Plastikstühle und Tische, die absolut nicht zusammenpassen. Wer in Flipflops, kurzer Hose und Top kommt, fällt hier nicht weiter auf.
25 new praya, kennedy town, telefon: 29740088, geöffnet: so-do 12.00-22.00, fr-sa 12.00-23.00, preis: 100 hk $, mtr: kennedy town exit c

Shoppen

⑩ Liebhaber von Kunst-, Antiquitäten- und Trödelläden kommen in der **Hollywood Road** voll auf ihre Kosten. Überall in der Straße warten Schnäppchen, man muss sie nur finden. Vor allem die Läden und Galerien in der Nähe des Man-Mo-Tempels sind bekannt für ihre große Auswahl an chinesischen und westlichen Kunstwerken. Achten Sie aber darauf, dass man Sie nicht übers Ohr haut!
hollywood road, sheung wan und central, geöffnet: mi-so 11.00-20.00, manche läden mo geschlossen, andere di, mtr: sheung wan exit a2

⑪ Sie sind auf der Suche nach einem schönen Mitbringsel? Dann werden Sie in der **Cat Street** bestimmt fündig. Hier bekommen Sie chinesischen Schmuck, Mao-Poster und Nippes in Hülle und Fülle. Aber Feilschen ist Pflicht. Übrigens: Die Straße wird zwar Cat Street genannt, heißt offiziell aber Upper Lascar Row.
upper lascar row, sheung wan, www.cat-street.hk, geöffnet: täglich 10.00-18.00, mtr: sheung wan exit a2

⑬ Der Concept-Store **Konzepp** steht jungen Kreativen als Verkaufsraum für ihre Entwürfe, als Treffpunkt sowie zur gegenseitigen Inspiration zur Verfügung. Die besondere Gestaltung des Ladens soll Besucher dazu animieren, unkonventionell zu denken. Neben Kleidung für Sie und Ihn findet man bei Konzepp unter anderem Schmuck und Wohnaccessoires.
lg/f, 50 tung street, sheung wan, www.konzepp.com, telefon: 28030339, geöffnet: täglich 12.00-20.00, mtr: sheung wan a2

⑱ In Sheung Wan werden traditionelle Tante-Emma-Läden immer seltener – **Chu Wing Kee** gehört zu den wenigen noch existierenden. Die Läden sind oft seit Generationen in Familienhand, aber infolge steigender Mietpreise geben immer mehr Betreiber auf. In diesem vollgepackten Gemischtwarenladen findet man alles Mögliche: Pfannen und Töpfe, Vasen, Schalen, aber auch Besen, Taschen, Wannen oder Spielzeug. Wer das echte "Hongkong-Feeling" erleben will, darf hier nicht einfach vorbeigehen.
26 possession street, sheung wan, telefon: 25458751, geöffnet: mo-sa 11.00-18.00, mtr: sheung wan exit a2

KONZEPP ⑬

㉗ Besonders einladend wirkt der **Kam Yuen Company Tea Shop** von außen nicht, und innen ist es leider auch nicht viel besser. Dennoch bekommt man hier köstliche Tees, unter anderem auch verschiedene Pu-Erh-Tees – sehr bittere Teesorten, die die Hongkonger "Tee für alte Leute" nennen. Sie mögen es lieber lieblich? Dann kaufen Sie einen grünen *tie guan yin* oder Jasmintee. Auch den sogenannten blooming tea gibt es hier, auf Deutsch Teerosen oder Teeblumen, die sich während des Ziehens zu einer Blume entfalten.
208 queen's road west, sheung wan, geöffnet: täglich 10.00-18.00, mtr: sai ying pun exit a1

Hongkong live

① Seit jeher benutzen Chinesen Siegelstempel mit den Initialen ihres Namens als Ersatz für eine Unterschrift. Auch heute noch werden solche Stempel zur Unterzeichnung von Dokumenten verwendet. Die Siegelstempel bestehen meist aus Stein, in den die Initialen hineingraviert wurden. Die **Man Wa Lane** wird angesichts der vielen Stempelmacher, die hier ihre Läden haben, auch gerne "Stempelallee" genannt. Die Auswahl reicht von traditionellen Exemplaren bis zu modernen Varianten aus Gummi mit unterschiedlichen Motiven.
man wa lane, sheung wan, geöffnet: täglich 10.00-18.00, mtr: sheung wan exit a1

④ Auch im modernen Hongkong haben traditionelle chinesische Heilmethoden nichts an Bedeutung eingebüßt. Gui Lin Gou etwa, eine Art Gelee aus Schildkrötenpanzer, ist so ein Mittelchen. Hongkonger schwören darauf, denn die tägliche Einnahme soll gesundheitsfördernd sein. Probieren können Sie es im **Herbal Tea Shop**.
275 queen's road central, sheung wan, geöffnet: täglich 7.00-19.00 (manchmal auch abweichend), preis: 35 hk $, mtr: sheung wan exit a2

⑤ Wer alte Bauwerke ebenso wie kreative Ideen schätzt, sollte das **PMQ** aufsuchen. Dort, wo 1889 die erste Schule westlicher Art eröffnet wurde, haben sich heute über 100 Jungkünstler versammelt, die in ihren Galerien, Pop-up-Stores, Boutiquen, Ateliers und kleinen Einrichtungsläden ihre Kunst, Schmuck, ausgefallene Kleidung und vieles mehr präsentieren. Außerdem beherbergt das Gebäude kleine Cafés und Restaurants. Regelmäßig finden im PMQ auch Modeschauen, Ausstellungen und Workshops statt.
35 aberdeen street, central, www.pmq.org.hk, telefon: 28702335, geöffnet: täglich 7.00-23.00, mtr: sheung wan exit a2

⑯ Ältere Einwohner aus der Gegend zieht es oft in den **Hollywood Road Park**, um dort die Ruhe zu genießen. Machen Sie es ebenso und sehen Sie den Schildkröten im Wasser oder den alten Männern beim Mahjong-Spiel zu. Für Gesundheitsbewusste gibt es den "Barfußpfad" – gut für den Kreislauf.
232 hollywood road, sheung wan, mtr: sheung wan exit a2

MAN WA LANE ①

㉑ Viele Einwohner aus der Gegend decken sich auf dem **Sheung Wan Wet Market** mit Lebensmitteln für den täglichen Bedarf ein. Der überdachte Markt ist unbedingt einen Besuch wert, wenn man Hongkonger Alltag hautnah erleben will. Im Erdgeschoss gibt es Fisch und Fleisch, in den Stockwerken darüber Gemüse, Obst und gekochte Gerichte.
345 queen's road central, sheung wan, telefon: 28532629, geöffnet: täglich 6.00-20.00, mtr: sheung wan exit a2

㉔ WING LOK STREET

㉔ In der **Wing Lok Street** sind einige Geschäfte auf getrocknete Meeresfrüchte und chinesische Heilmittel spezialisiert. Sie bekommen hier seltene und zum Teil auch teure Produkte aus aller Welt. Sogar traditionelle chinesische Heiler kaufen hier ihre Medikamente.

216-112 wing lok street, sheung wan, geöffnet: mo-sa 8.00-18.00, manche läden auch so, mtr: sheung wan exit a2

㉕ An der Bonham Strand West liegt ein Garten, in dem westliche Kräuter, asiatische Varianten und Teepflanzen wachsen – alle feinsäuberlich mit Namens- und Informationstafeln versehen. Der öffentliche **Kräutergarten** wurde zur Verschönerung des Viertels angelegt. Anwohner dürfen die Kräuter ernten, aber nur wenige nutzen das Angebot – meist aus Angst, dass die Nachbarn dann glauben, man könne sich Kräuter aus dem Geschäft nicht leisten.
58 bonham strand west, sheung wan, mtr: sheung wan exit a2

㉖ Hongkonger pflegen ihre chinesischen Traditionen, zum Beispiel die der **paper offerings**. Die Verbrennung von Papieropfergaben dient dem Wohlergehen der Vorfahren im Jenseits. Viele Hongkonger glauben, dass ihre Vorfahren sonst als Geister auf die Erde zurückkehren. Es gibt diese Opfergaben in allen möglichen Formen und Größen, zum Beispiel als Big Mac, Ferrari, Hund oder Luxustasche. In der Queen's Road West befinden sich einige Läden, die solche Papierkunstwerke anbieten – auch schön als Souvenir!
136-160 queen's road west, sheung wan, mtr: sai ying pun exit a1

㉙ Im Stadtteil Sai Ying Pun befinden sich einige Galerien. Liebhaber moderner Kunst sollten der Galerie **Above Second** einen Besuch abstatten. Ausgestellt sind Werke von jungen Talenten aus Hongkong und Künstlern aus dem Ausland.
9 first street, sai ying pun, www.above-second.com, telefon: 34837950, geöffnet: di-sa 13.00-19.00, mtr: sai ying pun exit a1

㉞ Für alle, die gerne ihren Blick übers Wasser und in die Ferne schweifen lassen, lohnt sich ein Stopp am **Meeresufer in Kennedy Town**. Hier kann man während eines Drinks am Ufer die Fähren nach Macau beobachten und in der Ferne sieht man die Brücke zwischen Kowloon und Lantau Island sowie die Angler, die geduldig darauf warten, dass ein Fisch anbeißt.
new praya, kennedy town, mtr: kennedy town exit c

㊱ Eine **Straßenbahnfahrt** in einem Doppelstockwagen sollten Sie sich nicht entgehen lassen. 1904 fuhr die erste Straßenbahn über die Gleise, die heute West- und Ost-Hongkong miteinander verbinden. Den besten Blick hat man oben von der vordersten oder hintersten Bank. Einsteigen können Sie zum Beispiel an der Catchick Street, bezahlt wird erst beim Aussteigen.
catchick street, www.hktramways.com, telefon: 25487102, geöffnet: täglich 5.00-0.00, preis: einfache fahrt: 2,30 hk $

Sheung Wan, Sai Ying Pun & Kennedy Town

SPAZIERGANG 2 (ca. 8 km)

Bei MTR Sheung Wan Exit A1 nehmen, dann rechts in die Man Wa Lane ①. Am Ende rechts und die zweite Straße links. An der Kreuzung Hillier St und Jervois St wartet ein Dim-Sum-Paradies ②. Der Hillier St folgen ③. In der Queen's Rd Central rechts ④ oder links, um weiterzugehen. Nach der Kurve rechts die Treppe hinauf und rechts in die Shing Wong St. Die Treppe hinauf Richtung Staunton St ⑤, danach weiter hinauf ⑥. Ganz oben nach links, an der Ampel die Straße überqueren, dann rechts hinauf ⑦. Zurück über die Caine Rd und dieser bis zum Park folgen. Hier rechts die Treppe hinab. Links befindet sich ein Museum ⑧. Weiter Richtung Hollywood Rd ⑨ ⑩ hinabsteigen. Gegenüber vom Tempel weiter hinuntergehen, dann in die erste Straße links ⑪. In der Upper Lascar Row die erste Straße links, dann die zweite Straße rechts zum Café Deadend ⑫. Entlang des Parks zurückgehen und links in die Tai Ping Shan St ⑬ ⑭. Weitergehen, die Treppe hinab ⑮. Nach dem Tempel rechts, dann links zum Park ⑯. Rechts in die Hollywood Rd ⑰, dann rechts und links in die Possession St ⑱ ⑲. Am Ende links etwas essen ⑳ oder rechts weitergehen. Links in die Bonham St. Am Ende rechts ㉑ und danach links Richtung Markt ㉒ ㉓. Zurück, vorbei am Wet Market und dann in die Wing Lok St ㉔. An der Kreuzung mit der Des Voeux Rd links und gleich wieder links. Den Garten ㉕ durchqueren und in die Queen's Rd West. Der Straße nach rechts folgen. Nach der Kurve ein Souvenir kaufen ㉖. Der scharfen Linkskurve folgen ㉗. Rechts in die Eastern St und die verkehrsreiche Straße überqueren ㉘. Zurückgehen und die Queen's Rd überqueren. Danach rechts ㉙. Weiter in die First St, dann links in die Western St. In die zweite Straße rechts (Third St). In der ersten Querstraße rechts etwas essen ㉚. Der Third St folgen, dann rechts in die Kwong Fung Lane. Am Ende links in die Queen's Rd West und dieser etwa fünf Minuten folgen. Die Belcher's St entlanggehen, nach den Bäumen links (Li Po Lung Path). Hinaufgehen, beim Tempelschild links ㉛. Der Spaziergang geht rechts weiter. Die Treppe hinab und bei der Rolltreppe rechts. Den Aufzug nach unten nehmen und dann links in die Rock Hill St. Die erste links, dann gleich wieder rechts in die Forbes St ㉜. Ein paar Meter zurück in die Davis St ㉝ und dieser bis zum Meer folgen ㉞. Dort rechts ㉟. Danach bei Smithfield rechts und zum Abschluss in die erste Querstraße ㊱.

Wanchai & Causeway Bay

3

Wanchai und Causeway Bay gehören zu Hongkongs bekanntesten Stadtteilen und blicken auf eine lange Geschichte zurück. **Causeway Bay** wurde als Erstes von den Briten besiedelt. Von der ursprünglich ungleichmäßigen Küstenlinie ist heute nicht mehr viel zu erkennen – durch Landgewinnung wurde sie weitgehend begradigt. In Causeway Bay ist immer viel los, obendrein ist es ein Shoppingparadies, in dem japanische Marken den Ton angeben.

Bekanntheit erlangte **Wanchai** durch den Kinofilm *Die Welt der Suzie Wong* (1960). In den 1950er- und 1960er-Jahren war der Stadtteil sehr beliebt bei den in Hongkong stationierten amerikanischen Soldaten, die das Nachtleben schätzten. Und in dieser Hinsicht ist die Gegend nach wie vor konkurrenzlos: Neben zahllosen Bars zieht auch der Rotlichtbezirk viele Besucher an.

In Wanchai und Causeway Bay sind fernöstliche und westliche Einflüsse zu einem spannenden Gemisch vereinigt. Unterhalb und neben der großen Straße betreiben alte Frauen *villain hitting*, warten enge Gassen und Tempel auf Besucher, durchforsten alte Männer die Zeitung, um ihre Pferdewetten festzulegen, und Touristen eilen mit Einkaufstüten vorbei.

Beide Stadtteile sind auch sehr beliebt bei Festlandchinesen. In Causeway Bay decken sie sich mit Kosmetika und Pflegeprodukten ein, die hier deutlich billiger sind. In Wanchai ist der **Golden Bauhinia Square**, der Platz, an dem Hongkong am 1. Juli 1997 an China übergeben wurde, ein Anziehungspunkt. Für die Mittel- und Oberschicht, die hier wohnt, sind die grünen Hügel des Umlandes ein gern angesteuertes Ausflugsziel.

NUR KURZ HIER? DIESE HIGHLIGHTS DÜRFEN SIE NICHT VERPASSEN:

**+ DAI PAI DONG + VICTORIA PARK + HONG KONG CEMETERY
+ VILLAIN HITTING + GOLDEN BAUHINIA SQUARE**

ÜBER DIESEN SPAZIERGANG

Unterwegs kommen Sie nicht nur an Läden bekannter Modemarken und Luxusgeschäften vorbei, sondern auch an Tempeln und einem alten Friedhof. Der für Hongkong typische Kontrast zwischen Tradition und Moderne ist hier allgegenwärtig. Die Adressen am Anfang der Tour öffnen in der Regel erst am späten Vormittag ihre Türen, also starten Sie nicht zu früh.

+ ABWECHSLUNGSREICHER SPAZIERGANG OHNE KULTURSCHOCK
+ ERST AM SPÄTEN VORMITTAG STARTEN
+ NICHT FAHRRADTAUGLICH

Sehenswürdigkeiten

(3) Von außen ein Tempel, innen eine katholische Kirche: Das Gebäude der **St. Mary's Church** wurde im chinesischen Stil erbaut. Die einstige Kapelle aus dem Jahr 1911, die Flüchtlingen, die in Causeway Bay wohnten, als religiöse Zuflucht diente, wurde erst 1937 zur Kirche erweitert.
2a tai hang road, causeway bay, telefon: 25761768, geöffnet: mo-fr 9.00-16.30, eintritt: frei, mtr: causeway bay exit f

(10) Im 19. Jahrhundert hieß das Unternehmen Jardine Matheson einlaufende Handelsschiffe mit Kanonenschüssen willkommen. Dieser Brauch wurde bald nicht mehr gepflegt, stattdessen wurde täglich um Punkt 12 Uhr die **Noon Day Gun** abgefeuert. 1941 von den Japanern abgebaut, stellte man in den Nachkriegsjahren erneut ein Geschütz auf und setzte die Tradition fort. Bis zu 30 Minuten nach dem Schuss kann man die Kanone ausgiebig aus nächster Nähe besichtigen.
kai an der gloucester road, causeway bay, geöffnet: täglich 12.00, mtr: causeway bay exit d1

(14) Unglücklich? Wütend? Oder schlagen Sie sich mit einem schwer lösbaren Problem herum? Dann suchen Sie eine der alten Chinesinnen unterhalb des Canal Road West Flyover auf. Seit mehr als 50 Jahren betreiben sie an diesem Ort **villain hitting**, das chinesische Ritual der Dämonenaustreibung. Dabei schlagen Sie mit einem Schuh auf eine Papierfigur, die das Problem des Kunden (oder dessen Ursache) wie zum Beispiel einen untreuen Partner oder Schwierigkeiten in der Arbeit darstellt. Dieses von älteren Frauen ausgeübte Ritual wird von den Hongkongern immer noch sehr geschätzt.
unterhalb canal road west flyover, causeway bay, geöffnet: täglich, wechselnd, preis: ab 50 hk $, mtr: causeway exit a

(17) Möchten Sie mehr über die Geschichte der Hongkonger Pferderennen erfahren? Dann besuchen Sie das **Hong Kong Racing Museum**. Dort ist auch der karitativen Rolle des Jockey Clubs große Aufmerksamkeit gewidmet.
2/f happy valley stand, happy valley, telefon: 29668065, geöffnet: täglich 12.00-19.00, eintritt: frei, mtr: causeway bay exit a oder straßenbahn: richtung happy valley

⑭ VILLAIN HITTING

⑱ Aus Platzgründen werden Verstorbene heutzutage nicht mehr beerdigt, sondern nur noch verbrannt. Die Gräber des **Hong Kong Cemetery** sind Relikte früherer Tage und die letzte Ruhestätte von Kolonisten, Händlern oder Soldaten. Liebhaber von Gangsterfilmen kennen den Friedhof vielleicht aus dem einen oder anderen Streifen, der hier gedreht wurde.
wong nai chung road, happy valley, geöffnet: täglich 1. apr.-30. sept. 7.00-19.00, 1. okt.-31. märz 7.00-18.00, mtr: causeway bay exit a

⑳ Der **Pak-Tai-Tempel** ist ein ganz besonderer Tempel, dessen Gottheit auch "Herrscher des nördlichen Himmels" genannt wird. Rechts in einem Gesims ist zu lesen, was das Jahr den verschiedenen chinesischen Tierkreiszeichen bringen wird. Fragen Sie die Mitarbeiter vor Ort, wenn Sie an einer Übersetzung interessiert sind. Links in einem Durchgang befindet sich ein Ofen zur Verbrennung von "Höllengeld" – ein Ritual, das zur Besänftigung der Götter und Vorfahren dient.
2 lung on street, wan chai, geöffnet: täglich 8.00-17.00, eintritt: frei, mtr: wan chai exit a3

㉓ Vor langer Zeit lag der **Tai-Wong-Tempel** noch direkt am Meer, aufgrund der Landgewinnung sind es heute einige Hundert Meter bis zum Wasser. Ursprünglich wohnten in Wanchai hauptsächlich Fischer, die in dem Tempel Hung Shing, den Gott des Meeres, anbeteten.
129 queen's road east, wan chai, geöffnet: täglich 8.00-17.30, eintritt: frei, mtr: wan chai exit a3

㉚ Wer von Kowloon aus Hong Kong Island ansteuert, kommt an einem der Wahrzeichen der Stadt vorbei: dem **Hong Kong Convention & Exhibition Centre**. Größe und Lage des Kongress- und Ausstellungszentrums unterstreichen das Motto der Stadt: "Hongkong Asia's World City". Manche Veranstaltungen sind so begehrt, dass sich die Hongkonger dafür stundenlang in eine Schlange stellen. Programminformationen finden Sie auf der Website.
1 expo drive, wan chai, www.hkcec.com, telefon: 25828888, geöffnet: täglich 9.00-18.00, eintritt: siehe website, mtr: wan chai exit a5

㉛ Der **Golden Bauhinia Square** ist ein symbolträchtiger Platz, in dessen Mitte eine goldene Bauhinie (Orchideenbaum) steht. Das 1997 errichtete Wiedervereinigungsdenkmal ist ein Geschenk der chinesischen Regierung und weist Texte des damaligen Präsidenten Jiang Zemin auf. Für Reisegruppen aus China gehört der Platz zum Standardprogramm, denn sie wollen Zeuge der täglichen Zeremonie sein, bei der die chinesische Fahne gehisst wird.
1 expo drive, wan chai, telefon: 25828888, geöffnet: fahnenzeremonie täglich 7.50-8.03, mtr:wan chai exit a5

Essen & Trinken

④ Die jüngeren Hongkonger schwören auf Eis von **Lab Made**. Da man frisch zubereitetes Speiseeis in der Stadt kaum bekommt, wundert es nicht, dass sich vor Lab Made immer lange Schlangen bilden. Hergestellt wird das Eis direkt vor Ort mithilfe von Stickstoff: Sie bestellen und zwei Minuten später erhalten Sie das Eis Ihrer Wahl. Das Konzept ist so erfolgreich, dass Lab Made in Hongkong diverse Ableger hat. Es gibt vier wöchentlich wechselnde Sorten wie etwa *custard bun*, *beancurd dessert* oder *pineapple bun*, von denen jeweils eine von der lokalen Küche inspiriert ist.
g/f 6 brown street, tai hang, labmade.com.hk, telefon: 26700071, geöffnet: mo-fr 14.00-0.00, sa 13.00-1.00, so 13.00-23.00, preis: 39 hk $, mtr: tin hau exit b

⑤ Hongkong ist berühmt für seine *dai pai dongs*, die Straßengarküchen, zum Beispiel in Tai Hang. Die beste und beliebteste befindet sich an der Shepherd Street 5. Dieser **dai pai dong** hat weder einen Namen noch eine Speisekarte. Empfehlenswert ist nicht nur der Milchtee, sondern auch die Nudelsuppe mit Schweinerippchen. Deuten Sie einfach auf den Tisch Ihrer Wahl, aber bedenken Sie, dass es hier üblich ist, den Tisch mit anderen Gästen zu teilen – ideal, um zu erfahren, wie die Menschen hier leben und essen.
neben 5 shepherd street, tai hang, telefon: 25773117, geöffnet: mi-mo 7.30-16.30, preis: 40 hk $, mtr: tin hau exit b

⑦ In Tai Hang gibt es zahlreiche kleine Ramen-Restaurants. Ramen ist eine japanische Nudelsuppe in zahllosen Variationen – vegetarisch, mit Fleisch, Fisch und viel Gemüse. Das Markante am **Ramen Kureha** sind die Außenwände aus Holz und die bunten alten Werbeplakate. Gemütlich ist das Lokal nicht, es besteht eigentlich nur aus zwei langen Tischen. Doch die Nudelgerichte sind super.
20-22 wun sha street, tai hang, telefon: 28084468, geöffnet: täglich 11.30-22.00, preis: 88 hk $, mtr: tin hau exit b

⑪ Zu den lokalen Spezialitäten zählt auch die sogenannte *eggtart*, eine Art Cremetörtchen. Eine besondere Variante serviert die **EXpresso Coffee Bar**: die *Lord Stow's egg tarts* – aus Blätterteig und karamellisierter Creme. Gut möglich, dass Sie kurz darauf warten müssen, denn die Törtchen sind heiß begehrt.
g/f the excelsior, 281 gloucester road, causeway bay, telefon: 28376777, geöffnet: mo-fr 7.00-19.00, sa-so 8.00-18.00, preis: 10 hk $, mtr: causeway bay exit d1

BEEF & LIBERTY ㉙

⑬ Für Liebhaber von Krabben ist das **Under Bridge Spicy Crab** ein Muss. Zubereitet werden die Meereskrebse nach einem Traditionsrezept mit viel Chili und Knoblauch. Wie einige andere Restaurants aus dieser Gegend hat auch dieses Lokal stark expandiert: Zwei Ableger befinden sich nur einen Steinwurf voneinander entfernt. Im kleineren isst man recht ruhig, aber wer die Hongkonger Essgewohnheiten beobachten möchte, wählt das größere, das immer gut gefüllt ist mit Einheimischen.

ascot mansion, 421-425 lockhart road, kleinere filiale: 429 lockhart road, wan chai, www.underspicycrab.com, telefon: 28931289, geöffnet: täglich 11.00-2.00, preis: 200 hk $, mtr: causeway bay exit c

(22) Zwei Franzosen betreiben **Le Bistro Winebeast**, ein gemütliches Bistro, das höchstens 20 Gästen Platz bietet. Ursprünglich war es nur eine Weinhandlung, die später um eine Küche erweitert wurde. Zur Auswahl stehen diverse leckere Gerichte und passende Weine, Sie können aber auch das Spezialmenü mit Weinverkostung bestellen. Der Wein kostet im Restaurant genauso viel wie im Laden. Es empfiehlt sich zu reservieren.
15 mcgregor street, wan chai, www.wine-beast.com, telefon: 24796833, geöffnet: di-so 12.00-15.00 & 17.00-23.00, preis: menü 448 hk $, mit wein 548 hk $, mtr: wan chai exit a3

(24) Lust auf spanische Spezialitäten? Dann ist das **22 Ships** die richtige Adresse. Probieren Sie Burger aus Fleisch von Iberico-Schweinen mit Foie gras, geräuchertes Knochenmark mit Zwiebelkonfitüre oder ein spanisches Frühstück mit Chorizo und Kartoffeln. Kommen Sie am besten frühzeitig, denn man kann nicht reservieren.
22 ship street, wan chai, www.22ships.hk, telefon: 25550722, geöffnet: mo-sa 12.00-15.00 & 18.00-23.00, so 12.00-14.30 & 18.00-22.00, preis: 150 hk $, mtr: wan chai exit a3

(25) Für Wagemutige ist **Bo Innovation** ein Muss. In diesem Lokal mit viel abstrakter Kunst und modernen Tischen ist nichts so, wie es aussieht. Die überraschenden Gerichte stammen nämlich aus der Molekularküche. Ein schönes Beispiel ist *xiaolongbao* – es sieht in keinster Weise aus wie die beliebten Suppen-Einlagen aus Shanghai, schmeckt aber so. Moderate Preise dürfen Sie hier nicht erwarten, aber die Mittagsgerichte sind ihr Geld absolut wert.
shop 13, 2/f, j residence, 60 johnston road, wan chai, www.boinnovation.com, telefon: 28508371, geöffnet: mo-fr 12.00-15.00 & 19.00-0.00, sa 18.00-0.00, preis: mittagsmenü 390 hk $, mtr: wan chai exit a3

(29) Dass Hongkong eine Weltstadt ist, erkennt man unter anderem an den unzähligen Restaurants mit internationaler Küche. Eines von ihnen ist **Beef & Liberty**, ein Gourmet-Burgerrestaurant amerikanischer Prägung, das Burger mit Qualitätsfleisch von australischen Kühen serviert. Für Vegetarier gibt es auch zwei fleischlose Varianten.
2/f, 23 wing fung street, wan chai, www.beef-liberty.com, telefon: 28113009, geöffnet: mo-fr 12.00-15.00 & 18.00-22.30, sa-so 11.00-23.00, preis: burger 86-122 hk $, mtr: wan chai exit a3 oder admiralty exit f

(24)

(29)

(36) In Hongkong arbeiten unzählige "Gastarbeiter" aus anderen südasiatischen Ländern. Ihre Anlaufstelle: das **Cinta-J Restaurant & Lounge**. Das Lokal serviert philippinische, indonesische und malaysische Gerichte und am späteren Abend wird in der Bar Livemusik gespielt.
69 jaffe road, wan chai, fb cinta.j.hk, telefon: 25296622, geöffnet: so-do 11.00-4.00, fr-sa 11.00-5.00, preis: 100 hk $, mtr: wan chai exit a1

Shoppen

(1) Das Kaufhaus **Sogo** ist zwar japanisch, doch das stört die Hongkonger nicht. Ganz im Gegenteil! Vor allem das jüngere Publikum ist hier zahlreich vertreten und auf der Suche nach Hello-Kitty-Produkten, Kleidung, Schmuck und Accessoires von japanischen oder europäischen Marken. Wer in aller Ruhe bummeln möchte, sollte das Wochenende meiden.
555 hennessy road, causeway bay, www.sogo.com.hk, telefon: 28338338, geöffnet: so-do 10.00-22.00, fr-sa 10.00-22.30, mtr: causeway bay exit d

(2) Wer im überwiegend teuren Causeway Bay richtig günstig einkaufen möchte, ist im **Jardine's Crescent Street Market** gut aufgehoben. Auf dem Markt, der größtenteils unter freiem Himmel stattfindet, bekommt man unter anderem Kleidung, Taschen und Wohnaccessoires. Am Ende der Straße befindet sich auch ein Blumenmarkt mit importierten Blumen.
jardine's crescent, causeway bay, geöffnet: täglich 10.30-19.00, mtr: causeway bay exit f

(6) Auf der Suche nach einer Lampe? Dann schauen Sie mal im **Feelsogood Lifestyle Store** vorbei. Betrieben wird der Laden von vier jungen Designern, die außer Lampen Wanduhren und traditionelles Spielzeug verkaufen. Wer will, kann auch selbst Hand anlegen. Besuchen Sie dazu einen Wochenendworkshop, in dem Sie Ihre Traumlampe selbst entwerfen und fertigstellen können. Samstags spielen hier ab und zu lokale Musiker oder Bands.
27 shepherd street, tai hang, www.feelsogoodls.com, telefon: 28656168, geöffnet: do-so 15.00-20.00, mtr: tin hau exit b

(12) Dorothy Hui und Hilary Tsui, die Inhaberinnen von **Liger**, sind lokale Trendsetterinnen, die ihre Kollektion, bestehend aus renommierten und neuen Labels, mit großer Sorgfalt zusammenstellen. In ihrem Laden findet man hippe Damenmode europäischer und asiatischer Marken. Kleidung wie Accessoires sind sehr bunt und ziemlich extravagant.
55 paterson street, causeway bay, www.ligerstore.com, telefon: 25035308, geöffnet: täglich 12.00-21.30, mtr: causeway bay exit d1

LIGER ⑫

⑮ Wo heute die **Times Square Shopping Mall**, das größte Einkaufszentrum von Causeway Bay steht, befand sich einst ein Straßenbahndepot. Die Hongkonger kommen gerne hierher, allerdings nicht nur zum Shoppen, sondern um gerade im Sommer der Hitze zu entfliehen. Mit seinen über 230 Geschäften bietet das Zentrum genug Anregung, um dort ein paar Stunden zuzubringen. Wer eine Stärkung braucht, findet in den oberen Etagen gute Restaurants.
1 matheson street, causeway bay, www.timessquare.com.hk, telefon: 21188900, geöffnet: täglich 10.00-20.00, mtr: causeway bay exit a

㉖ Eine Schatzkammer voller Antiquitäten und Vintage, das ist **Nlostnfound**. Vielleicht stößt man zwischen alten Schreibmaschinen, Radios aus den 1940er-Jahren, antiken Möbeln und allen möglichen Sammlerobjekten auf ein nettes Mitbringsel. Und wenn nicht, dann genießt man einfach das nostalgische Flair.
3 st francis yard, wan chai, telefon: 25741328, geöffnet: mo-sa 13.00-20.00, so 13.00-18.00, mtr: wan chai exit a3 oder admiralty exit f

㉗ Die Modekette **Kapok** ist eine Hongkonger Institution und in diesen Stadtteilen gleich mit zwei Filialen vertreten: in der 3 Sun Street, in der Männer auf ihre Kosten kommen, und am St. Francis Yard, wo Frauen und Kinder fündig werden. Kapok ist immer up to date und bietet neben einigen internationalen Marken vor allem Entwürfe unbekannter Modelabels.
5 st francis yard, wan chai, www.ka-pok.com, telefon: 25499254, geöffnet: mo-sa 11.00-20.00, so 11.00-18.00, mtr: wan chai exit a3 oder admiralty exit f

㉘ Bei der japanischen Modemarke **45r**, die es nur in Asien gibt, wird viel Wert auf Qualität und die Verwendung natürlicher Materialien gelegt. Die Kleidung trägt sich daher auch sehr angenehm. Ein Muss für Fans fernöstlicher Mode.
7 star street, wan chai, www.45rpm.jp, telefon: 28611145, geöffnet: täglich 11.00-20.00, mtr: wan chai exit a3 oder admiralty exit f

㉜ Wer hochwertige chinesische Traditionsprodukte wie Kleidung, Jade oder Teeservice sucht, findet bei **Chinese Arts & Crafts** ein gutes Sortiment. Nicht gerade billig, aber beste Qualität.
2/f, causeway centre, 28 harbour road, wan chai, www.cachk.com, telefon: 28276667, geöffnet: täglich 10.30-19.30, mtr: wan chai exit a5

㉝ Die **Hong Kong Design Gallery** verkauft schöne Dinge, die in Hongkong hergestellt wurden, wie etwa Produkte mit den Comicfiguren McMug and McDull, Taschen lokaler Designer und Bilderrahmen mit dem Glückszeichen.
g/f, hong kong convention & exhibition centre, 1 harbour road, wan chai, www.hkdesigngallery.com, telefon: 25844146, geöffnet: mo-sa 10.00-19.30, so 11.00-19.30, mtr: wan chai exit a5

Hongkong live

⑧ Der **Victoria Park**, Hongkongs größter Park, liegt auf einem Stück Land, das dem Meer abgetrotzt wurde. Früher befand sich hier der Typhoon Shelter des Hafens, in dem Boote während eines Taifuns Schutz suchen konnten. Im Park ist immer viel los – bekannte Festivals wie das Mittherbstfest finden hier statt, Menschen betreiben Tai-Chi, Kinder veranstalten Bootsrennen und gelegentlich zieht ein Demonstrationszug vorbei.
1 hing fat street, causeway bay, www.lcsd.gov.hk, telefon: 28905824, geöffnet: rund um die uhr, mtr: tin hau exit b oder causeway bay exit e

⑨ Wer die Stadt vom Wasser aus bewundern möchte, kann dies in einem hölzernen **Sampan** tun. An Bord geht man am Kai neben dem Noon Day Gun. Manchmal muss man kurz auf das Boot warten, denn es dient der lokalen Bevölkerung auch als Fähre. Die Fahrt mit dem Sampan führt durch den Typhoon Shelter, vorbei an zahlreichen kleinen Hausbooten. Der Kontrast zu den großen Luxusjachten im Hintergrund könnte kaum größer sein.
kaie an der gloucester road, causeway bay, geöffnet: täglich, ca. 8.00-1.00, preis: 60 hk $, mtr: causeway bay exit d1

⑯ Hongkong ist der einzige Ort in Großchina, an dem Pferdewetten erlaubt sind. Wer ein Rennen miterleben möchte, kann dies im **Happy Valley Racecourse** tun. Während der Saison finden am Mittwochabend Rennen statt (manchmal auch samstagnachmittags). Am Sonntagnachmittag werden im Sha Tin Racecourse Wettbewerbe ausgetragen.
2 sports road, happy valley, www.happyvalleyracecourse.com, telefon: 28951523, geöffnet: mi 19.00-23.00, preis: 10 hk $, mtr: causeway bay station exit a oder straßenbahn: richtung happy vally

⑲ Der **Lover's Rock** ist ein zum Teil rot angestrichener und mit einem Altar versehener Felsen. Ein beliebtes Ziel für Frischverliebte, die sich hier in Weihrauchschwaden gehüllt ein langes gemeinsames Leben wünschen. Die Räucherstäbchen liegen rechts neben dem Felsen und kosten 20 HK-Dollar pro Bündel. Zum Anzünden steht immer eine brennende Kerze bereit. Hier findet auch alljährlich im August das Maiden's Festival statt. Dann beten junge Single-Frauen für Glück im Leben und einen passenden Partner.
oberhalb der bowen road, wan chai, mtr: wan chai exit a3

HAPPY VALLEY RACECOURSE ⑯

⑨ **SAMPAN**

(21) Das **Hong Kong House of Stories** geht auf eine Initiative einiger Anwohner zurück und sollte als Begegnungsstätte für die Nachbarschaft dienen. Inzwischen hat sich das Haus zu einem Zentrum mit Museum entwickelt, das Ausstellungen über Traditionen in diesem Viertel zeigt. Außerdem kann man in Workshops lernen, wie man Stempel herstellt oder lokale Spezialitäten zubereitet. In einem kleinen hauseigenen Laden werden Souvenirs wie etwa Stempel, Notizbücher oder T-Shirts verkauft.
74 stone nullah lane, wan chai, houseofstories.sjs.org.hk, telefon: 28354372, geöffnet: do-di 11.00-18.00, eintritt: frei, führung 60 hk $, mtr: wan chai exit a3

(34) Vom **Central Plaza** kann man aus luftiger Höhe auf Stadt und Umland blicken. Das 374 Meter hohe Gebäude war einst das höchste Asiens, muss sich aber heute mit dem dritten Platz auf der Liste der Hongkonger Wolkenkratzer begnügen. Mit dem Aufzug erreichen Sie im Nu die 46. Etage, die einen atemberaubenden Blick bietet.
18 harbour road, wan chai, www.centralplaza.com.hk, telefon: 25868111, geöffnet: mo-fr 8.00-20.00, sa 8.00-14.00, eintritt: frei, mtr: wan chai exit a5

(35) Erst in den Abendstunden herrscht in der **Lockhart Road** und der **Jaffe Road** so richtig Betrieb. Hier finden Sie jede Menge Restaurants: Ob lokale Küche, mexikanisch, philippinisch oder türkisch, ob günstig oder teuer – es gibt alles. Die Beliebtheit der Straßen hat allerdings noch einen anderen Grund. Denn hier befindet sich der Hongkonger Rotlichtbereich. In einigen Kneipen und Clubs kann man zu Livemusik tanzen. Unsere Tipps: **Trafalgar** (54–62 Lockhart Rd), um in einem Biergarten ein englisches Bier zu trinken, und **Coyote** (114–120 Lockhart Rd), in dem köstliche extrastarke Margaritas serviert werden.
lockhart road/jaffe road, zwischen der fenwick street und der fleming road, mtr: wan chai exit c

Wanchai & Causeway Bay

SPAZIERGANG 3 (ca. 14 km)

Bei Exit D des MTR Causeway Bay (1) starten, beim Zebrastreifen über die Straße gehen, geradeaus und links zum Markt (2). Am Ende links, dann rechts in die Irving St. Dieser folgen und rechts in die Tung Lo Wan Rd. An der Kirche (3) links. Am Ende rechts, der Straße folgen, dann rechts in die Jones St. Gleich links und die zweite rechts (4). Links in die Kings St und gleich rechts (5). Danach links (6) und gleich wieder links (7). Der Tung Lo Wan Rd folgen und die Causeway Rd überqueren (8). Den Park an der Victoria Park Rd verlassen und die Fußgängerbrücke nehmen. Links am Wasser entlanglaufen (9) (10). Die Unterführung nehmen, die Garage durchqueren und den Schildern "Excelsior Hotel" (11) folgen. Das Hotel über den Haupteingang verlassen, zweimal rechts gehen (12). Zurück, vorbei am Hotel links in die Cannon St, rechts in die Jaffe Rd. Weiter und die Brücke nehmen (13). Umdrehen und rechts unter der Brücke in die Canal Rd (14). Links in die Russell St (15) und rechts in die Matheson St. Am Ende rechts in die Leighton Rd und an der Ampel über die Straße. Der Wong Nai Chung Rd folgen und rechts die Rennbahn unterqueren (16). An der Rennbahn entlanggehen, das Gelände an der Südseite verlassen, nach rechts wenden. Der verkehrsreichen Straße folgen (17). Zurückgehen, über die Straße und rechts zum Friedhof (18). Den Friedhofshügel hinauf und links bleiben. Beim Ausgang an der Stubbs Rd über die Straße und schräg in die Shiu Fai Terrace. Zum Lover's Rock (19) geht es nach der ersten Kreuzung links die Treppe hinauf Richtung Bowen Rd. Ansonsten erst rechts und dann links die Treppe hinab. Links in die Kennedy Rd, an der Ampel über die Straße und die Treppe hinab (20) (21). Links in die Queen's Rd East und gleich rechts (22). Der Queen's Rd folgen (23). Rechts in die Ship St (24) (25). Am Ende links, gleich wieder links, dann rechts in die Queen's Rd. Über die Straße und links in die St. Francis St (26) (27). Der Star St (28) folgen, rechts in die Wing Fung St (29). Links in die Queen's Rd und rechts die Fußgängerbrücke nehmen. Der Arsenal St folgen, rechts die Fußgängerbrücke nehmen. Der Fenwick St folgen, rechts bleiben, dann links in die Convention Ave. Das Convention Center links umrunden (30) (31). Weiter und die Fußgängerbrücke nehmen. Links bleiben (32). Zurück über die Brücke Richtung (33). Die Fußgängerbrücke durch das Central Plaza (34) nehmen und am Ende rechts die Brücke verlassen. Weiter und zum Ziel rechts in die Jaffe Rd (35) (36).

- = Sehenswürdigkeiten
- = Essen & Trinken
- = Shoppen
- = Hongkong live

1. Sogo
2. Jardine's Crescent Street Market
3. St. Mary's Church
4. Lab Made
5. dai pai dong (ohne Namen)
6. Feelsogood Lifestyle Store
7. Ramen Kureha
8. Victoria Park
9. Sampan
10. Noon Day Gun
11. EXpresso Coffee Bar
12. Liger
13. Under Bridge Spicy Crab
14. Villain hitting
15. Times Square Shopping Mall
16. Happy Valley Racecourse
17. Hong Kong Racing Museum
18. Hong Kong Cemetery
19. Lover's Rock
20. Pak-Tai-Tempel
21. Hong Kong House of Stories
22. Le Bistro Winebeast
23. Tai-Wong-Tempel
24. 22 Ships
25. Bo Innovation
26. Nlostnfound
27. Kapok
28. 45r
29. Beef & Liberty
30. Hong Kong Convention & Exhibition Centre
31. Golden Bauhinia Square
32. Chinese Arts & Crafts
33. Hong Kong Design Gallery
34. Central Plaza
35. Lockhart Road/Jaffe Road
36. Cinta-J Restaurant & Lounge

Tsim Sha Tsui, Yau Ma Tei & Mongkok

4

Kowloon, am Festland gegenüber Hong Kong Island gelegen, besteht aus mehreren Vierteln, darunter **Tsim Sha Tsui**, **Yau Ma Tei** und **Mongkok**. Hier wohnen in erster Linie Arbeiter und Teile der Mittelschicht – die Oberschicht zieht Hong Kong Island vor. Zum heutigen Hongkong gehören die Viertel erst seit 1860, nach dem Zweiten Opiumkrieg. Wohlstand und Fortschritt brachte ihnen diese Eingemeindung allerdings erst im 20. Jahrhundert mit dem Bau einer Werft und eines Flughafens sowie der Einrichtung einer Zugverbindung mit der chinesischen Stadt Guangzhou.

In den Nachkriegsjahren bevölkerten unzählige Flüchtlinge Kowloon, später folgten politisch verfolgte Festlandchinesen. Große Wohnblocks aus den 1970er-Jahren prägen auch heute noch das Stadtbild, vor allem in Mongkok und Yau Ma Tei. Tsim Sha Tsui weist einige Touristenmagneten auf wie die **Avenue of Stars**, diverse Museen und lebhafte Geschäftsstraßen. Dort liegen die Mietpreise auch höher, insbesondere für Wohnungen mit Meerblick. In einigen Gegenden in Tsim Sha Tsui und Yau Ma Tei leben auch Migranten aus China, anderen asiatischen Ländern und Afrika, meist in alten Gebäuden mit günstigen Mieten. Tsim Sha Tsui, Yau Ma Tei und Mongkok sind deutlich weniger westlich geprägt als die meisten Bereiche auf Hong Kong Island und bieten Besuchern daher – jedes auf seine Weise – einen guten Einblick in den Alltag der hier lebenden Bevölkerung.

Hongkong gilt allgemein als sehr sicher, in Mongkok haben allerdings kriminelle Vereinigungen, wie die Triaden, ihren Sitz. Als Tourist merkt man davon zwar nichts, der Polizei aber sind sie ein Dorn im Auge.

NUR KURZ HIER? DIESE HIGHLIGHTS DÜRFEN SIE NICHT VERPASSEN:

+ TEMPLE STREET NIGHT MARKET + AVENUE OF STARS
+ NATHAN ROAD + KOWLOON PARK + AUSTRALIA DAIRY COMPANY

ÜBER DIESEN SPAZIERGANG

Ein langer, aber auch abwechslungsreicher Spaziergang, nur der Abschnitt zu den letzten zwei Adressen ist etwas weniger ansprechend. Wie anderswo stößt man auch hier auf gegensätzliche Bereiche, zum Beispiel Victoria Harbour mit seinen teuren Restaurants, Läden und Sehenswürdigkeiten und die einfacheren Gegenden weiter nördlich. Die Neonreklame, die abends überall leuchtet, lässt die Stadtteile in einem ganz anderen Licht erscheinen als tagsüber.

+ EIN MUSS FÜR HONGKONG-NEULINGE
+ TAGSÜBER UND NACHTS GANZ UNTERSCHIEDLICH
+ WEGEN DES DICHTEN VERKEHRS NICHT FÜRS RADFAHREN GEEIGNET

Sehenswürdigkeiten

② Hongkong ist zwar noch nicht sehr alt, aber alt genug, um ein Historisches Museum aufzuweisen. Im **Hong Kong Museum of History** erfährt man alles über die Vergangenheit der Stadt: wie die ersten Bewohner auf ihren Booten lebten, wie die Stadt in britische Hand fiel und wie die Übergabe an China über die Bühne ging. Außerdem erhalten Sie Informationen zu den diversen Feierlichkeiten.
100 chatham road south, tsim sha tsui, hk.history.museum, telefon: 27249042, geöffnet: mo & mi-fr 10.00-18.00, sa-so 10.00-19.00, eintritt: 10 hk $, mi frei, mtr: hung hom, exit d1, east tsim sha tsui, exit p2 oder tsim sha tsui exit b2

③ Die **Avenue of Stars** wurde 2004 zu Ehren der erfolgreichen Hongkonger Filmindustrie eröffnet. Zu sehen sind Handabdrücke von Filmgrößen wie Jackie Chan oder Andy Lau und für Bruce Lee wurde eigens eine Statue errichtet. Abends um 20 Uhr kann man auf der Avenue Zeuge einer spektakulären Lichtshow, der **Symphony of Light**, sein.
avenue of stars, tsim sha tsui waterfront, symphony of light: täglich 20.00, mtr: tsim sha tsui exit l6, east tsim sha tsui exit j oder exit p2

④ Das **Hong Kong Museum of Art** steht ganz im Zeichen chinesischer und Hongkonger Kunst. Gelegentlich finden auch Ausstellungen mit bekannten internationalen Werken statt oder es werden Antiquitäten aus Beijing und Gemälde aus der Ming- und Qing-Dynastie gezeigt. Unter den Werken, die das Museum in der Dauerausstellung präsentiert, sind wahre Perlen von völlig unbekannten lokalen Künstlern.
10 salisbury road, tsim sha tsui, www.hk.art.museum, telefon: 27210116, geöffnet: mo-mi & fr 10.00-18.00, sa-so 10.00-19.00, eintritt: 10 hk $, mi frei, mtr: tsim sha tsui exit l6 oder east tsim sha tsui exit j

⑧ Der **Clock Tower** ist ein Überbleibsel des Endbahnhofs der alten Eisenbahnverbindung mit China. Die Fertigstellung war für das Jahr 1915 vorgesehen, aber hohe Kosten und der Erste Weltkrieg sorgten dafür, dass die Uhr erst 1921 installiert werden konnte. 1975 fand die Verlagerung des Bahnhofs nach Hung Hom statt. Dass der Turm überhaupt noch steht und in den 1990er-Jahren sogar unter Denkmalschutz kam, ist Aktionsgruppen zu verdanken.
star ferry pier, tsim sha tsui, nicht öffentlich zugänglich, mtr: tsim sha tsui exit l6

⑬ Kowloons Hauptverkehrsader ist die **Nathan Road**. Der erste Abschnitt der 3,6 Kilometer langen Straße, die heute auch "Golden Mile" genannt wird, wurde 1861 eröffnet. Die Nathan Road ist berühmt-berüchtigt für die Massen an Leuchtreklamen, den dichten Verkehr, die vorbeihastenden Fußgänger und lauten Straßenhändler. Um zwei völlig verschiedene Eindrücke der Straße zu bekommen, sollten Sie einmal tagsüber und dann abends hindurchlaufen.
nathan road, tsim sha tsui, mtr: tsim sha tsui

⑮ Der **Signal Hill** ist die höchste Erhebung in der Nähe des Victoria Harbour. Und aus diesem Grund wurde hier ein Turm errichtet, an dem früher Taifunwarnungen angebracht wurden – daher der Name: **Blackhead Point Signal Tower**. Heute gehört der Turm zu einem ruhigen Park, in dem man ein Buch lesen oder die Seele baumeln lassen kann.
minden row, tsim sha tsui, geöffnet: täglich 7.00-23.00, eintritt: frei, mtr: tsim sha tsui exit n5

⑳ Hongkong ist der einzige Ort in Großchina, an dem der blutigen Niederschlagung der Studentenproteste 1989 am Platz des himmlischen Friedens in Beijing öffentlich gedacht werden darf. Im kleinen **June 4th Museum** erfährt man alles über den Aufstand (auf Anfrage werden englischsprachige Informationen zur Verfügung gestellt).
5/f, foo hoo centre, 3 austin avenue, tsim sha tsui, www.64museum.org, telefon: 24596489, geöffnet: mo & mi-fr 10.00-18.00, sa-so 10.00-19.00, eintritt: 10 hk $, mtr: tsim sha tsui exit b1, east tsim sha tsui exit p2 oder jordan exit d

㉑ Die **St. Andrew's Church** ist die älteste Kirche in Kowloon, in der englischsprachige Messen abgehalten werden. Während der frühen Kolonialzeit wohnten die meisten Ausländer auf Hong Kong Island, daher war es nicht so einfach, die Kirche zu erhalten. Das Bleiglasfenster im Osten ist noch das Original aus dem Jahr 1906.
138 nathan road, tsim sha tsui, www.standrews.org.hk, telefon: 23671478, geöffnet: täglich 7.30-22.30, eintritt: frei, mtr: jordan exit d oder tsim sha tsui exit b1

④

㉘ Von Fischern 1865 zu Ehren der Göttin des Meeres erbaut, steht der **Tin-Hau-Tempel** seit 1876 am heutigen Standort. Ursprünglich lag er dort nah am Wasser, doch heute ist das Meer etwa vier Kilometer entfernt und der Tempel befindet sich mitten im betriebsamen Yau Ma Tei. Nach wie vor kommen aber viele Besucher hierher.
temple street/public square street, yau ma tei, telefon: 23850759, geöffnet: täglich 8.00-18.00, eintritt: frei, mtr: yau ma tei exit c

① **FUNG MING YUEN**

Essen & Trinken

(1) Appetit auf ein echt Hongkonger Frühstück mit Nudelsuppe, Toastbrot, Eiern und Würstchen? Dann ist das **Fung Ming Yuen** ideal. Doch auch mittags oder abends lohnt es sich, zum Essen hierherzukommen. Probieren Sie unbedingt gegrillte Ente oder Gans.
g/f, new mandarin plaza, 75 mody road, tsim sha tsui, telefon: 23117173, geöffnet: rund um die uhr, preis: frühstück 26 hk $, mittag- oder abendessen 50 hk $, mtr: east tsim sha tsui exit p2 oder hung hom exit d1

(5) Wer den Tag mit einem Dim-Sum-Frühstück bei **Serenade** beginnt, kann dazu völlig kostenlos die tolle Aussicht auf den Victoria Harbour genießen und das Treiben auf den Straßen beobachten – ob für ein Foto posierende Touristen, joggende Hongkonger oder Senioren, die Tai-Chi betreiben – von Ihrem Fenstertisch aus haben Sie alles im Blick.
2f, hong kong cultural centre, 10 salisbury road, tsim sha tsui, telefon: 27220932, geöffnet: täglich 9.00-16.30 & 17.30-23.30, preis: dim sum 20-45 hk $, mtr: tsim sha tsui exit l6 oder east tsim sha tsui exit j

(10) Wenn es sein muss, warten Hongkonger stundenlang auf einen Tisch. So auch im Taiwan-Restaurant **Din Tai Fung**. Die Objekte ihrer Begierde: die *xiaolongbaos* und die Nudelgerichte, die mit chinesischem Tee serviert werden. *Xiaolongbaos* sind mit etwas Suppe und Schweinefleisch gefüllte Teigtaschen. Serviert werden sie mit einem Dip aus Soja-Ingwer-Soße und gegessen werden sie wie folgt: kurz in die Soße tauchen, vorsichtig anbeißen, Suppe ausschlürfen und den Rest essen. Kommen Sie vor 18 Uhr, vor allem an den Wochenendtagen, denn reservieren kann man hier nicht.
3/f, silvercord, 30 canton road, tsim sha tsui, telefon: 27306928, geöffnet: täglich 11.30-22.30, preis: 150 hk $, mtr: tsim sha tsui exit l5

(11) Britische Einflüsse sind in Hongkong noch viele zu spüren. Der *afternoon tea* zählt dazu. Die meisten Restaurants bieten ihn an. Beliebt ist der **afternoon tea im "The Pen"** (Hotel The Peninsula). Hier kann man den Tee und die diversen süßen oder herzhaften Häppchen bei klassischer Musik von den Lobby Strings genießen.
salisbury road, tsim sha tsui, telefon: 26966772, geöffnet: high tea täglich von 14.00-18.00, preis: 598 hk $ für 2 pers., mtr: tsim sha tsui exit l3

⑫ Sehen und gesehen werden – auch in Hongkong ein Lebenselixier für die Schickeria. Gelegenheit dazu gibt es zum Beispiel bei **Felix**. Das schicke Lokal würde gut in einen James-Bond-Film passen, als besonderes Extra gibt es die sagenhafte Aussicht dazu. Bestellen Sie an der Bar einen Cocktail oder Martini – natürlich geschüttelt, nicht gerührt.
28/f, the peninsula, salisbury road, tsim sha tsui, telefon: 26966778, geöffnet: täglich bar 17.30-1.30, abendessen 18.00-0.00, preis: 500 hk $, mtr: tsim sha tsui exit l3

⑯ Tagsüber ist die **Minden Avenue** eine eher gemütliche Straße mit sehr unterschiedlichen Lokalen: Im Brick Lane bekommt man ein typisch englisches Frühstück, im N1 Coffee & Co Kaffee mit Kuchen und das Passion by Gerard Dubois ist ein Geheimtipp für Fans französischer Croissants. Abends verwandelt sich die Avenue in eine überfüllte Ausgehmeile mit Bars und Clubs.
minden avenue, mtr: tsim sha tsui exit n1 oder east tsim sha tsui exit p3

⑱ Hongkonger haben ein Faible für Südkorea. In der Kimberley Street und Umgebung gibt es daher einige koreanische Restaurants und Geschäfte. Das **Namdaemoon One Korean Restaurant** lockt zwar mit köstlichem Essen, die Bedienung lässt jedoch manchmal etwas zu wünschen übrig. Fans koreanischer Grillgerichte bekommen bei **Seorae** (79-81 Kimberly Rd) ihre Wünsche erfüllt.
18 kimberley street, tsim sha tsui, telefon: 27232028, geöffnet: täglich 12.00-15.00 & 18.00-22.30, preis: 75 hk $, mtr: tsim sha tsui exit b1

㉒ Ein Hongkong-Besuch ist erst perfekt, wenn man eine Original-Eierwaffel gegessen hat. Solche *gai daan jai* gibt es zum Beispiel im winzigen **LKK**. Stühle gibt es keine, dafür aber immer eine Warteschlange.
178 nathan road, tsim sha tsui, geöffnet: mo-sa 11.30-2.00, so 12.30-2.00, preis: 16 hk $, mtr: jordan exit d oder tsim sha tsui exit b1

㉓ Die **Australia Dairy Company** ist eine Hongkonger Institution. Trotz der flinken Bedienung ist die Warteschlange vor dem Restaurant oft recht lang, und wahrscheinlich müssen Sie den mühsam ergatterten Tisch mit Fremden teilen. Unbedingt probieren: Rührei mit Toastbrot und *dun daan*, Pudding aus Eiern und aufgeschäumter Milch.
47-49 parkes street, jordan, telefon: 27301356, geöffnet: fr-mi 7.30-23.00, preis: gericht & getränk 35 hk $, mtr: jordan exit c2

㉔ Lust auf eine Tasse Kaffee in ruhiger Atmosphäre? Dann lassen Sie sich im **Kava** nieder. Das Café ist mit Spiegeln, weißen Tischen und blauen Stühlen modern eingerichtet. Der Kaffee hat zwar seinen Preis, aber wer die Zubereitung beobachtet, weiß, warum. Tipp: *salted caramel latte*.
53 parkes street, jordan, telefon: 27871833, geöffnet: mo-fr 8.00-20.00, sa-so 9.00-20.00, preis: 35 hk $, mtr: jordan exit c2

㉗ In Yau Ma Tei hat sich das **Mido Cafe** zu einer festen Größe entwickelt. Das Lokal existiert seit 1950 und hat sich seitdem kaum verändert. Die Artdéco-Fliesen und die Gerichte sind wie früher. Kein Wunder, dass das Café regelmäßig als Kulisse für Kinofilme dient. Tipp: Setzen Sie sich an einen Tisch im ersten Stock und bestellen Sie gebackenen Reis mit Spareribs und einen Milchtee.
63 temple street, yau ma tei, telefon: 23846402, geöffnet: mo-di & do-sa 10.00-21.00, so 10.00-20.00, preis: 40 hk $, mtr: yau ma tei exit c

㉜ Es hat sich längst herumgesprochen, dass **Streetfood in Mongkok** ganz besonders lecker ist. Sie bekommen allerlei ganz unterschiedliche Varianten wie japanische Tintenfischbällchen, Pommes mit Wasabisoße oder frittiertes Huhn. Mutige probieren auch *stinky tofu*, der strenger riecht als er schmeckt, oder scharfe Chilis mit Fischsoße.
41-55 dundas street, mong kok, geöffnet: täglich 12.00-0.00, mtr: yau ma tei exit a2

㉝ Wer Lust auf echt chinesische Nudelgerichte hat, kommt am **Good Hope Noodle Restaurant** nicht vorbei. Da man direkt in die Küche blickt, kann man mitverfolgen, wie der Nudelteig mit einem dicken Bambusholz ausgerollt und bearbeitet wird, um die richtige Struktur zu erhalten. Die Suppe mit dem Schweinefleisch isst man am besten so: erst ein Stück Fleisch essen und dann mit einem Löffel Suppe "nachspülen".
18 fa yuen street, mong kok, telefon: 23846898, geöffnet: täglich 11.00-1.00, preis: 39 hk $, mtr: yau ma tei exit a2

STREETFOOD IN MONGKOK 32

Shoppen

(9) Eine der weltweit teuersten Einkaufsstraßen ist die **Canton Road**. Vor allem wohlhabende Festlandchinesen decken sich hier mit Luxusartikeln ein – und das so zahlreich, dass lange Schlangen keine Seltenheit sind.
canton road, tsim sha tsui, geöffnet: täglich 11.00-21.00, mtr: tsim sha tsui exit l5 oder l6

(19) Von Kleidung über allerlei schönen Krimskrams bis hin zu Wanduhren – bei **Hold Addall** finden Sie alles. Bei Uhren ist allerdings Vorsicht geboten, denn das Verschenken soll Unglück bringen. Der Grund: Das Wort für Verschenken einer Uhr klingt ähnlich wie das Wort für Begräbnis. Zahlt der Beschenkte dem Schenkenden jedoch im Gegenzug einen kleinen Betrag, ist die Gefahr gebannt.
3 austin avenue, tsim sha tsui, telefon: 23669093, geöffnet: täglich 10.00-21.00, mtr: tsim sha tsui exit b1, east tsim sha tsui exit p2 oder jordan exit d

(26) Der **Jade Hawker Bazaar** ist ein überdachter Markt, an dessen Ständen vor allem Schmuck und Jadefiguren verkauft werden. Jade symbolisiert Tugendhaftigkeit und Heilkraft. Tipp: Passen Sie gut auf, denn manches ist Plastik.
kansu street, unter der brücke zwischen battery street und reclamation street, yau ma tei, geöffnet: täglich 9.00-18.00, mtr: yau ma tei exit c

(30) Für Spielzeug aller Art und aller Marken ist **In's Point** die richtige Adresse. Am besten beim Eingang die Rolltreppe zur ersten Etage nehmen, um gleich in das Spielzeugparadies zu gelangen. Ansonsten verläuft man sich leicht in dem Gebäude mit den schmalen Durchgängen und kleinen Läden.
530-538 nathan road, yau ma tei, geöffnet: täglich 11.00-20.00, mtr: yau ma tei exit a2

(31) Bevor sich die großen internationalen Marken in Hongkong angesiedelt haben, gab es in der Stadt eigentlich nur viele kleine Läden, die günstig ihre Produkte verkauften. In der **Trendy Zone** im Herzen von Mongkok ist das nach wie vor so. Von außen wirkt das Gebäude zwar wie ein schickes Einkaufszentrum, aber im Inneren erweist sich alles als sehr bezahlbar. Die Geschäfte befinden sich ab der ersten Etage aufwärts.
580 nathan road, eingang dundas street, mong kok, geöffnet: täglich 11.00-22.00, mtr: yau ma tei exit a2

IN'S POINT ㉚

㉞ Hongkongs bekanntester Markt ist der **Ladies' Market**. Hier findet man zwar die gleichen Produkte wie am Nachtmarkt in der Temple Street, allerdings bei Tag. Der Markt erstreckt sich über etwa einen Kilometer, Sie müssen also nicht gleich beim ersten Stand zuschlagen. Feilschen ist unerlässlich. Wenn Ihnen der Preis dann immer noch zu hoch erscheint, steuern Sie einfach den nächsten Händler an. Tipp: Die Läden seitlich des Marktes sind auch interessant.
tung choi street, mong kok, geöffnet: täglich 12.00-22.30, mtr: mong kok exit e2

㉟ Auf den ersten Blick wirkt **Me & George** wie ein Ramschladen, tatsächlich aber bietet das Geschäft ausgezeichnete, bezahlbare Vintage-Kleidung. Vielleicht finden Sie genau das Stück, das in Ihrer Garderobe noch fehlt!
64 tung choi street, mong kok, telefon: 23948057, geöffnet: täglich 9.30-3.00, mtr: mong kok exit e2

⑰ KOWLOON PARK

Hongkong live

(6) Einen Preis für das schönste Gebäude wird das **Hong Kong Cultural Centre** bestimmt nicht erhalten, einen Besuch ist es dennoch wert. In dem riesigen Bau aus rosarotem Backstein finden zahllose kulturelle Veranstaltungen und Aktivitäten statt, wie Konzerte internationaler Symphonieorchester oder Tanzdarbietungen. Programminformationen finden Sie auf der Website.
10 salisbury road, tsim sha tsui, www.hkculturalcentre.gov.hk, telefon: 27342009, geöffnet: täglich 9.00-23.00, eintritt: siehe website, mtr: tsim sha tsui exit l6 oder east tsim sha tsui exit j

(7) Stilvoll und nostalgisch – so könnte man eine Hafenrundfahrt mit der **Aqua Luna** umschreiben. Gibt es etwas Schöneres, als in einem bequemen Loungesessel an Deck einer Dschunke an einem Cocktail zu nippen und die herrliche Aussicht zu genießen?
tsim sha tsui public ferry pier oder central ferry pier 9, www.aqua.com.hk, telefon: 21168821, geöffnet: mo-fr 12.00-16.00 stündlich & täglich 17.30-22.30 stündlich, preis: tagesticket 120 hk $, abendfahrt 195 hk $, mtr: tsim sha tsui exit l6

(14) Seit dem Umbau 2013 unterscheiden sich die **Chungking Mansions** rein äußerlich nicht mehr von ihren Nachbarn. Im Inneren jedoch vermitteln der verführerische Duft von Gewürzen, die vielen Läden und das Sprachengewirr das Gefühl, sich irgendwo in Indien oder Pakistan zu befinden. In den oberen Etagen findet man einige preisgünstige indische Restaurants und Hostels.
36-44 nathan road, tsim sha tsui, geöffnet: täglich, mtr: tsim sha tsui exit h

(17) Im Herzen Kowloons liegt der ruhige **Kowloon Park**. Machen Sie es wie die Hongkonger und ruhen Sie sich auf einer Bank am Teich aus, schlendern Sie durch den chinesischen Garten oder suchen Sie Abkühlung im Schwimmbad. Der Park ist auch eine beliebte Fotokulisse bei Frischvermählten. Sonntags kann man auf dem Sculpture Walk Vorführungen diverser chinesischer Kampfsportarten miterleben.
22 austin road, tsim sha tsui, www.lcsd.gov.hk, telefon: 27243344, geöffnet: täglich 5.00-0.00, mtr: tsim sha tsui exit a1

㉕ Ein Besuch des **Temple Street Night Market** lohnt sich immer. Es gibt Stände mit günstigen Taschen, Schuhen oder Elektrogeräten – stöbern Sie einfach ein wenig herum. Aber feilschen nicht vergessen! Die Restaurants servieren auf ihren Straßenterrassen lokale Spezialitäten. Am Markt bieten ab 20 Uhr Wahrsager ihre Dienste an und Sie können sich als Karaoke-Sänger versuchen.
temple street, zwischen jordan und yau ma tei, geöffnet: täglich 16.00-2.00, mtr: jordan exit a oder yau ma tei exit c

㉙ Das **Broadway Cinematheque** ist das einzige Programmkino Hongkongs, es zeigt auch französische oder philippinische Streifen. Die meisten Filme laufen im Original mit englischen Untertiteln. Direkt neben dem Kino liegt das **Kubrick**, eine Buchhandlung mit einem Restaurant, das Fusionsgerichte bietet (*www.kubrick.com.hk*).
prosperous garden, 3 public square street, yau ma tei, www.cinema.com.hk, telefon: 23848929, geöffnet: täglich 11.30-22.30, preis: siehe website, mtr: yau ma tei exit c2

㊱ Auf dem **Goldfish Market** stehen Dutzende von Plastikbeuteln herum, die mit Wasser sowie Fischen aller Art, Farbe und Größe gefüllt sind. Viele Hongkonger besitzen Aquarien, denn laut dem Feng-Shui befördert dies zu Hause die Harmonie. Außerdem klingt das chinesische Wort für Fisch ähnlich wie das für Überfluss und Wohlstand. Eigentlich besteht der Goldfish Market aus diversen kleinen Läden im Erdgeschoss der Hochhäuser. Es ist schon erstaunlich, so viele Fischhandlungen nebeneinander zu sehen.
tung choi street north, zwischen prince edward road west und argyle street, mong kok, geöffnet: täglich 10.00-22.30, mtr: prince edward exit b2 oder mong kok exit c

㊲ Der **Bird Garden** ist ein traditioneller chinesischer Garten, in dem Singvögel in Käfigen von zumeist älteren Männern versorgt und verkauft werden. Angeblich sollen Singvögel Glück bringen. Beobachten Sie die Männer dabei, wie sie versuchen, die Vögel zum Singen zu bringen.
yuen po street, mong kok, www.bird-garden.hk, geöffnet: täglich 7.00-17.00, eintritt: frei, mtr: prince edward exit b1

GOLDFISH MARKET ㊱

Tsim Sha Tsui, Yau Ma Tei & Mongkok

SPAZIERGANG 4 (ca. 11 km)

Vom Exit P1 des MTR East Tsim Sha Tsui geht es rechts in die Mody Rd. Am Platz links, weiter bis zu einer guten Frühstücksadresse ❶. Den Platz in westlicher Richtung verlassen und die Rolltreppe nach oben nehmen ❷. Über die Fußgängerbrücke die Granville Rd Richtung Victoria Harbour überqueren. Die Rolltreppe nach unten nehmen, dann rechts ❸. Der Avenue of Stars bis zur Statue folgen. Hier rechts und gleich wieder links ❹ ❺ ❻. Am Wasser entlang ❼ ❽ Richtung Salisbury Rd. Über die Straße in die Canton Rd ❾ ❿. Zurück in die Salisbury Rd und dort links. Nach der Unterführung gelangen Sie zu ⑪ ⑫. Nach "The Pen" links in die Nathan Rd ⑬ ⑭. Dann rechts in die Mody Rd und dort wieder rechts. In der Minden Row links durch das Tor Richtung Signal Hill ⑮. Zurückgehen, dann in die Minden Avenue ⑯. An der Kreuzung links. Die Mody Rd überqueren und ein Stück weiter links in die Humphreys Avenue. Die Nathan Rd zum Park ⑰ überqueren. Den Park an der Nathan Rd verlassen. Die Straße Richtung Granville Rd überqueren. Die erste links und dann gleich rechts in die Kimberley St ⑱. Am Ende rechts, dann links in die Chatham Rd und dort die zweite links ⑲ ⑳. An der Kreuzung links in die Kimberley Rd. Dann rechts an der Observatory Rd hinauf und links in die Knutsford Terrace. Am Ende links hinunter. Rechts erneut in die Kimberley Rd und wieder rechts in die Nathan Rd ㉑ ㉒. Dort links in die Austin Rd und dann die zweite rechts ㉓ ㉔. Die Jordan Rd überqueren und der Parkes St folgen. Die erste links, dann rechts in die Temple St ㉕. Nach dem Bogen über die Straße und rechts das Gebäude umrunden. Links in die Shanghai St, dann rechts ㉖. Zurück in die Shanghai St und dort links. Nach dem kleinen Park rechts Richtung ㉗ ㉘. Zurückgehen, der Public Square St. eine Weile folgen und dann rechts in ein Fußgängergebiet gehen ㉙. Nach dem Kino rechts, ganz am Ende links und beim kleinen Park in die Portland St. Danach rechts in die Waterloo Rd. Die Straße überqueren und in die Nathan Rd ㉚. Dann rechts in die Dundas St ㉛ ㉜ und links in die Fa Yuen St ㉝. Dort die erste links und gleich wieder rechts ㉞. In der zweiten rechts finden Sie ㉟. Der Tung Choi St zum Markt ㊱ folgen. Danach rechts in die Bute St und gleich wieder links. Die Prince Edward Rd überqueren, nach rechts wenden. Dann links und über die Flower Market Rd Richtung ㊲.

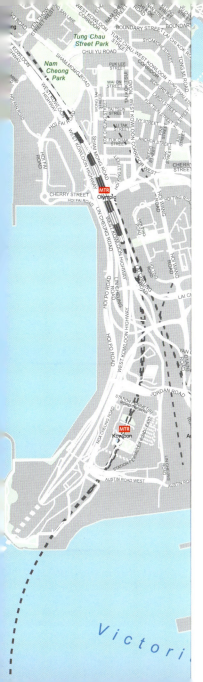

1. Fung Ming Yuen
2. Hong Kong Museum of History
3. Avenue of Stars / Symphony of Light
4. Hong Kong Museum of Art
5. Serenade
6. Hong Kong Cultural Centre
7. Aqua Luna
8. Clock Tower
9. Canton Road
10. Din Tai Fung
11. afternoon tea im "The Pen"
12. Felix
13. Nathan Road
14. Chungking Mansions
15. Signal Hill
16. Minden Avenue
17. Kowloon Park
18. Namdaemoon One
19. Hold Addall
20. June 4th Museum
21. St. Andrew's Church
22. LKK
23. Australia Dairy Company
24. Kava
25. Temple Street Night Market
26. Jade Hawker Bazaar
27. Mido Cafe
28. Tin-Hau-Tempel
29. Broadway Cinematheque/Kubrick
30. In's Point
31. Trendy Zone
32. Streetfood in Mongkok
33. Good Hope Noodle Restaurant
34. Ladies' Market
35. Me & George
36. Goldfish Market
37. Bird Garden

Sai Kung

5

Im Osten der New Territories gelegen wirkt **Sai Kung** wie ein eigenständiges Dorf. Der von **Naturparks**, Bergen, einer zerklüfteten Küste und verwaisten Dörfern umgebene Stadtteil ist angeblich bereits während der Ming-Dynastie (1368–1644) entstanden. Die ersten Bewohner lebten von Fischerei und Landwirtschaft und daran hat sich jahrhundertelang nichts geändert.

Erst als der Fischmarkt in den 1970er-Jahren einbrach, zogen die Fischer aus dem Umland in die größte Ansiedlung, Sai Kung. Um die Menschen unterzubringen, musste dem Meer Land abgerungen werden, auf dem Wohnblocks und Straßen entstehen konnten. Auch heute hängt bei einigen Einwohnern das Einkommen mit dem Meer zusammen, sie sind jedoch keine Fischer mehr, sondern Restaurantinhaber, Ladenbesitzer oder Bootsverleiher.

In Sai Kung hat sich zwar viel verändert, aber die Atmosphäre von einst ist nicht ganz verschwunden. Niemand hat es eilig, die Straßen sind schmal und meist autofrei und die enge Beziehung zum Meer ist nach wie vor spürbar. Es ist vor allem die Ruhe, die die Städter am Wochenende suchen: Sie unternehmen Ausflüge aufs Meer, Wanderungen in die umliegenden Hügel, essen Fisch am Wasser und schlendern durch die Straßen. Die Gegend wird nicht umsonst **leisure garden** (Erholungsgebiet) Hongkongs genannt.

Derzeit wohnen vor allem ältere Leute in Sai Kung. Junge Familien schätzen die ruhige Gegend durchaus auch zum Wohnen, doch für die meisten ist das tägliche Pendeln zu anstrengend. Auch zahlreiche Expats genießen die Ruhe in Sai Kung und haben sich hier niedergelassen.

NUR KURZ HIER? DIESE HIGHLIGHTS DÜRFEN SIE NICHT VERPASSEN:

+ SAI KUNG WATERFRONT + G.O.D. + OLDE HONG KONG TEA CAFÉ
+ SEAFOOD STREET + BOOTSFAHRT ZU EINER INSEL

ÜBER DIESEN SPAZIERGANG

Der Spaziergang ist vergleichsweise kurz, lässt sich aber wunderbar mit einem Ausflug in die umliegenden Hügel oder zu einer nahe gelegenen Insel kombinieren. Unbedingt besuchen sollten Sie das alte Dorf (Nummer 16 und 19 bis 27). In Sai Kung gibt es noch viele nette kleine Läden, gemütliche Lokale und ein reiches Angebot an Aktivitäten auf dem und am Wasser.

+ EIN TOLLER SPAZIERGANG FÜR HONGKONG-KENNER
+ KOMMEN SIE WIE DIE HONGKONGER AM BESTEN AM WOCHENENDE
+ WEGEN DES ANDRANGS UND DER ENGEN GASSEN NUR BEDINGT FAHRRADTAUGLICH

Sehenswürdigkeiten

(7) Im **Volcano Discovery Centre** kann man sich über die Vulkane und das Gestein in der Gegend um Sai Kung sowie allgemein über Vulkanforschung informieren. Vulkane haben Hongkongs Landschaft in den letzten 100 Millionen Jahren wesentlich geprägt und mitgestaltet. Im Museum sind auch Gesteinsbrocken vulkanischen Ursprungs aus anderen Ländern ausgestellt.
sai kung waterfront park, sai kung, www.volcanodiscoverycentre.hk, telefon: 23941538, geöffnet: täglich 9.30-16.30, eintritt: frei, bus: 92 ab mtr diamond hill

(11) Im **Fuk Man Garden** wird die große Bedeutung des Meeres für Sai Kung deutlich. Man stößt hier unter anderem auf ein Spielgerüst in Form eines Bootes und die Nachbildung eines Drachenbootes. Im Mai oder Juni findet alljährlich das weltberühmte Drachenbootfest statt, bei dem an verschiedenen Orten in der Stadt Rennen mit diesen historischen Booten abgehalten werden.
direkt neben dem kreisverkehr zwischen po tung road und fuk man road, sai kung, geöffnet: rund um die uhr, eintritt: frei, bus: 92 ab mtr diamond hill

(17) In einem Fischerdorf wie Sai Kung darf ein der Göttin des Meeres geweihter Tempel natürlich nicht fehlen. Besucht wird der **Tin-Hau-Tempel** vor allem von älteren Leuten.
24 yi chun street, sai kung, geöffnet: täglich 9.00-17.00, eintritt: frei, bus: 92 ab mtr diamond hill

(19) Im 34 Hektar großen **Lion's Nature Education Centre** erfahren Besucher einiges über die Naturgeschichte Hongkongs. Zu sehen sind zum Beispiel ein Lotosteich, ein Bambuswald, Feuchtwiesen mit Schildkröten und ein Muschelhaus mit einer Ausstellung zum Thema Muscheln.
hiram's hwy, sai kung, telefon: 27922234, geöffnet: mi-mo 9.30-17.00, eintritt: frei, bus: 92 ab mtr diamond hill zum busstop tai chung hau

(21) Auch im modernen Hongkong spielen alte Bräuche nach wie vor eine bedeutende Rolle. Ein Beispiel dafür sind die **Straßenaltäre**, denen man an verschiedenen Orten in der Stadt begegnet. Auf ihnen werden Opfergaben wie Orangen, Tee oder Blumen abgelegt. Anders als die meisten Straßenaltäre ist der in Sai Kung nicht mobil.
sai kung tai street, sai kung, bus: 92 ab mtr diamond hill

Essen & Trinken

(2) Ein Hongkonger Snack, den Sie unbedingt probieren sollten, ist der *pineapple bun*. Seinen Namen erhielt das Brötchen von der Form, denn Ananas ist nicht drin. Am besten schmeckt es warm und mit etwas Butter. Wenn die *buns* frisch aus dem Ofen kommen, bilden sich lange Schlangen vor **Sai Kung Café & Bakery**. Genießen können Sie Ihren Snack auf der Terrasse oder einer Bank im Park gegenüber.
2 sai kung hoi pong square, sai kung, telefon: 27923861, geöffnet: mo-fr 7.00-22.00, sa-so 7.00-23.00, preis: 8 hk $, bus: 92 ab mtr diamond hill

(9) Hongkonger essen sehr gern. Die Restaurantauswahl ist daher mit 11.000 Adressen entsprechend groß und vergleichsweise üppig für eine Metropole mit sieben Millionen Einwohnern. In einer **Querstraße der Fuk Man Road** wartet eine bunte Mischung aus südostasiatischen Küchen. Ideal, um schnell und preisgünstig etwas zu essen.
fuk man road, direkt nach 7-11 links den durchgang nehmen, sai kung, bus: 92 ab mtr diamond hill

(10) Das **18 Grams** hat sich zu einer Hongkonger Café-Kette mit diversen Ablegern und eigenem Charakter entwickelt. Namensgeber ist die Menge an gemahlenem Kaffee, die man für das Zubereiten eines Espressos benötigt. Das **18 Grams Alley**, die Filiale in Sai Kung, ist nie überlaufen und das Personal hat immer Zeit für einen kurzen Plausch. Bestseller ist der *flat white*, ein Espresso mit aufgeschäumter Milch in einer Cappuccino-Tasse, der in Australien und Neuseeland erfunden wurde.
56 fuk man road, sai kung, www.18grams.com, telefon: 27919418, geöffnet: mo-fr 8.30-18.00, sa-so 8.30-18.30, preis: 40 hk $, bus: 92 ab mtr diamond hill

(14) Die **Ali Oli Bakery** bietet ihren Gästen köstliche Brötchen und andere Leckereien. In einer Stadt mit einer so großen und schnell wechselnden Auswahl an Lokalen ist es erstaunlich, dass ein schon 1986 eröffnetes Café nach wie vor so beliebt ist. Ideal für ein herzhaftes Frühstück, ein üppiges Mittagessen oder eine Tasse Kaffee mit etwas Süßem.
11 sha tsui path, sai kung, www.alioli.com.hk, telefon: 27922655, geöffnet: täglich 8.00-19.30, preis: brötchen/quiche 35 hk $, mittagsmenü 50-100 hk $, bus: 92 ab mtr diamond hill

⑮ **Jaspas** verfügt über diverse Filialen in der Stadt. Das Restaurant in Sai Kung wird vor allem von Stammgästen besucht, darunter zahlreiche Expats, und füllt sich abends sehr schnell – draußen wie drinnen. Da die Portionen groß sind, teilen die Gäste das Essen gern miteinander. Am Wochenende sollten Sie reservieren.

13 sha tsui path, sai kung, telefon: 27926388, geöffnet: täglich 8.00-23.00, preis: 200 hk $, bus: 92 ab mtr diamond hill

16 OLDE HONG KONG TEA CAFÉ

(16) Liebhaber lokaler Traditionsküche mit moderner Note werden das **Olde Hong Kong Tea Café** schätzen. Nicht nur das Mittagessen, sondern auch der *high tea* mit speziellem chinesischem Tee ist sehr beliebt. Da die Zubereitung viel Sorgfalt erfordert, muss man manchmal etwas warten. Wie die Küche zeigt auch die Einrichtung eine Mischung aus Tradition und Moderne.
51 yi chun street, sai kung, www.oldehongkong.com, telefon: 27923890, geöffnet: di-so 12.00-22.00, preis: 150 hk $, bus: 92 ab mtr diamond hill

(18) In Hongkong ist es ganz normal, dass man Haupt- und Nachspeise nicht im gleichen Lokal zu sich nimmt. Daher gibt es in der Stadt auch viele Restaurants, die nur Desserts anbieten. Eines davon ist das **Honeymoon Dessert** in Sai Kung, das inzwischen noch weitere Filialen hat. Die Nachspeisen sind oft sehr unterschiedlich zu dem, was wir aus Europa kennen. Wie wäre es mit einer Mango- und Sago-"Suppe" oder einem mit Mango und Schlagsahne gefüllten Pfannkuchen?
10 po tung road, sai kung, www.honeymoon-dessert.com, telefon: 27924991, geöffnet: mo-fr 13.00-2.00, sa-so 13.00-3.00, preis: 35 hk $, bus: 92 ab mtr diamond hill

(22) **Let's Jam** ist eine Ode an die Marmelade (engl. *jam*). Was als eine reine Produktionsstätte begann, entwickelte sich schnell zu einem Teehaus mit Marmeladenmanufaktur. Die hausgemachten Leckereien werden mit den meisten Getränken und Gerichten, die auf der Karte stehen, kombiniert. Der Gast wählt den Tee und die Marmelade aus und lässt beides von der Bedienung mischen. Probieren Sie den Jasmintee mit Wein- und Birnenmarmelade oder Schwarztee mit Apfel und Zimt. Serviert werden die Tees warm oder kalt.
9 see cheung street, sai kung, fb lets-jam, telefon: 27919888, geöffnet: mo-fr 10.00-20.00, sa-so 9.00-21.00, preis: tasse tee 32 hk $, bus: 92 ab mtr diamond hill

(25) Das einzige Restaurant in Hongkong mit sri-lankischer Küche befindet sich in Sai Kung. Die Initialen im Namen von **AJ's Sri Lankan Cuisine** verweisen auf den Sohn der sri-lankischen Betreiber RJ und dessen Frau Eva. Sie servieren authentische Currys und Spezialitäten wie *kothu roti* (in Streifen geschnittenes Brot mit Wokgemüse) oder *eggplant moju* (eine Art Curry mit Auberginen).
14 hoi ping street, sai kung, srilankan.hk, telefon: 27922555, geöffnet: mo-fr 17.30-23.00, sa-so 11.00-23.00, preis: 80 hk $, bus: 92 ab mtr diamond hill

㉖ Zu den Hongkonger Cafés, die als Erste damit anfingen, Kaffeebohnen selbst zu rösten, zählt auch das **Colour Brown**. Obwohl die meisten Einwohner lieber Tee trinken, werden Kaffeehäuser immer beliebter, vor allem bei der jüngeren Generation. Der Kaffee, den die Baristas von Colour Brown mit großer Sorgfalt zubereiten, ist richtig gut. Das Café hat daher bei diversen Kaffee- und Barista-Wettbewerben in Asien bereits Auszeichnungen gewonnen.
34-36 see cheung street, sai kung, www.colourbrown.com, telefon: 27917128, geöffnet: mo-fr 10.00-19.00, sa-so 9.00-19.00, preis: 40 hk $, bus: 92 ab mtr diamond hill

㉙ Sai Kung ist berühmt für seine Meeresfrüchte. Essen kann man sie am besten in der Nähe des chinesischen Tors in der **Seafood Street**, wo sich zahlreiche entsprechende Restaurants befinden. In den Lokalen sind große Aquarien aufgestellt, aus denen Sie auswählen können. Dann wird das Essen frisch zubereitet. Fragen Sie vorsichtshalber vorab aber nach dem Preis, um böse Überraschungen zu vermeiden. Nicht alle Restaurants sind gleich gut, deshalb gilt folgende Faustregel: Je mehr Hongkonger in einem Lokal sitzen, umso besser die Qualität. Und wer sich bei der Auswahl schwertut, wirft einfach einen Blick auf die Teller der anderen Gäste.
sai kung promenade/man nin street, sai kung, geöffnet: täglich 10.30-22.00, bus: 92 ab mtr diamond hill

㉛ Tapas essen in Hongkong? Ja, warum nicht. Zum Beispiel bei **Casa**, einem Lokal einiger befreundeter Expats. Leckeres Essen und gute Getränke stehen im Mittelpunkt und die Bedienung ist für Hongkong außergewöhnlich: freundlich, schnell und immer zuvorkommend. Probieren Sie die frischen Tintenfischringe, den Kimchi-Pfannkuchen (mit Kraut) und die Portobellos. Gegessen wird an langen Picknicktischen. Keinen Appetit? Dann bestellen Sie nur einen Drink – garantiert billiger als in den meisten anderen westlichen Restaurants.
hoi pong square, sai kung, www.casagroup.co, telefon: 55940007, geöffnet: täglich 8.00-0.00, preis: tapas 40-140 hk $, bus: 92 ab mtr diamond hill

SEAFOOD STREET 29

Shoppen

(1) Wer extravaganten Schmuck, Accessoires und Handtaschen sucht, sollte sein Glück bei **Instyle** versuchen. Instyle besteht zwar erst seit dem Jahr 2000, mittlerweile gibt es aber drei Filialen in Hongkong. Die Kollektion wurde entsprechend erweitert, sodass Sie zu jedem Outfit etwas finden.
74 fuk man road, sai kung, www.instyle.hk, telefon: 27929896, geöffnet: täglich 10.30-20.30, bus: 92 ab mtr diamond hill

(12) Liebhaber von gebrauchten englischsprachigen Büchern dürfen den **Leisure Book Shop** nicht verpassen. Die Bücher sind zwar thematisch sortiert, aber wenn Sie ein bestimmtes Werk nicht finden, fragen Sie einfach die Inhaberin. Nett: Die Hauskatze Milky begrüßt jeden Besucher.
32a po tung road, sai kung, telefon: 27919629, geöffnet: täglich 9.30-18.30, bus: 92 ab mtr diamond hill

(13) Die drei Buchstaben **G.O.D.** (Goods of Desire) bedeuten im Kantonesischen "besser leben". Das aus netten Geschenken und Accessoires für zu Hause bestehende Sortiment ist von der heimischen Kultur inspiriert. Die Kollektion *double happiness* zum Beispiel fördert eine glückliche Ehe, die Kollektion *letter box* bietet alte Briefkästen. Gerade die Bewohner von alten Gebäuden schmücken ihre Briefkästen nämlich gerne mit knallbunten, ausgefallenen Motiven, damit man sie schneller findet. G.O.D. hat noch einige Filialen in Hongkong.
2 yi chun street, sai kung, www.god.com.hk, telefon: 27917122, geöffnet: mo-fr 11.00-20.00, sa-so 11.00-21.00, bus: 92 ab mtr diamond hill

(20) **Main Street Home & Gifts** befindet sich in der alten Hauptstraße von Sai Kung. In dem kleinen Laden werden alle möglichen kunstvollen und modernen Produkte und Accessoires angeboten, zum Beispiel aktuelle Wählscheibentelefone, Bilderrahmen oder Jade-Schmuck.
1 tak lung front street, sai kung, telefon: 27912238, geöffnet: täglich 11.00-19.00, bus: 92 ab mtr diamond hill

KURO VALE ㉘

24 VINTAGE HONG KONG

(24) Liebhaber von Antiquitäten und Vintage kommen bei **Vintage Hong Kong** auf ihre Kosten. Von der kunterbunten Vielfalt an Waren darf man sich nicht abschrecken lassen, vielleicht finden Sie ja einen wertvollen Schatz. Die Inhaberinnen Nadia Ying Lu und Joyce Lei sind gerne behilflich bei der Suche und geben Auskunft über die angebotenen Stücke.
10 hoi pong street, sai kung, telefon: 27920212, geöffnet: mo-fr 12.00-20.00, sa-so 12.00-21.00, bus: 92 ab mtr diamond hill

(27) Die Kollektion von **Final Fragments** lässt sich mit einem Wort umschreiben: zakka. Darunter versteht man das japanische Prinzip, dass das Leben einfacher und leichter ist, wenn man sich mit hübschen Sachen umgibt und fröhlich-bunte Kleidung trägt. Bei Final Fragments findet man alles, um sein Leben gemäß diesem Prinzip zu gestalten.
40 see cheung street, sai kung, www.finalfragments.com, telefon: 29550088, geöffnet: mo-fr 12.00-20.00, sa-so 11.30-21.30, bus: 92 ab mtr diamond hill

(28) Keramik von Künstlern aus Hongkong und anderen Teilen Asiens ist die Spezialität von **Kuro Vale**. Chinesische Wasserkannen, Teeservice oder spezielle Figuren wie die qipao (Frau in traditioneller Kleidung) – nette Mitbringsel und Souvenirs gibt es zuhauf.
48 see cheung street, sai kung, www.kurovale.com.hk, telefon: 27920102, geöffnet: mi-mo 11.00-19.00, bus: 92 ab mtr diamond hill

④ SAI KUNG WATERFRONT

Hongkong live

(3) Abgesehen vom Festland besteht Hongkong noch aus 263 Inseln. Einige von ihnen liegen direkt vor der Küste bei Sai Kung und können mit Booten angesteuert werden, die an der Promenade starten. Machen Sie eine **Bootsfahrt zu einer Insel**, um die Natur oder einen faulen Strandtag zu genießen.
promenade, sai kung, telefon: 27916226, geöffnet: ab sai kung pier stündlich 10.00-15.00, ab yim tin tsai pier um 12.20, 14.20, 16.00, 17.00 & 18.00, preis: 45 hk $ (rundfahrt), bus: 92 ab mtr diamond hill

(4) An der **Sai Kung Waterfront** fühlt man sich in die Vergangenheit zurückversetzt. Die Fischer verkaufen ihren frischen Fang von ihren Booten aus. Ist die Wahl getroffen und der Preis nach etwas Geschacher vereinbart, legt man das Geld in einen Korb, der an Bord gezogen wird.
promenade, sai kung, geöffnet: täglich 9.00-17.00 (manchmal abweichend), bus: 92 ab mtr diamond hill

(5) Fangfrischer Fisch schmeckt toll – und noch besser, wenn Sie ihn selbst gefangen haben. Gelegenheit dazu bietet eine **Fishing Tour**, die an der Promenade in Sai Kung startet. Nichts erwischt? Kein Problem, der Anbieter sorgt dafür, dass Sie auf einem der Pontons Fisch essen können.
promenade, sai kung, telefon: 27923000, geöffnet: mo-di & do-fr 14.30, 17.00 & 18.30, sa-so 9.00-13.00 stündlich & 14.30, preis: angeln & essen 198 hk $, bus: 92 ab mtr diamond hill

(6) Lust auf einen aktiven Vormittag? Dann können Sie sich im Beach Club ein **Kanu ausleihen**. Besser kann man die Sonne, das Wasser, die Ruhe und vor allem die Natur nicht genießen. Die Küste bei Sai Kung ist sehr zerklüftet und somit reich an Buchten und Stränden, die man mit dem Kanu erkunden kann. Tipp: Informieren Sie den Betreiber vorab, welches Ziel Sie ansteuern.
sak ha village, tai mong tsai road, sai kung, telefon: 91707513, geöffnet: täglich 10.00-18.00, preis: kajak 50 hk $/std., zweierkanu 80 hk $/std., bus: 92 ab mtr diamond hill

(8) Vor vielen Jahrhunderten war das Gebiet des heutigen Hongkong von Vulkanen geprägt. An Wochenenden kann man eine Tour durch den **Hong Kong Global Geopark** mitmachen, bei der man mehr über jene Zeit und diverse Gesteinsschichten erfährt. Die Führungen starten um 14 Uhr, es empfiehlt sich aber, schon vormittags im Volcano Discovery Centre, dem Startpunkt der Tour, Karten zu reservieren. Zur Auswahl stehen zwei verschiedene Führungen: Die Sai Kung Volcanic Rock Region Sea Tour führt über das Wasser zur Kau Sai Chau Island und hat Nachhaltigkeit als Thema. Der High Island Geo Trail zum Thema Erosion findet am Festland statt und umfasst auch eine Dammbesichtigung.
volcano discovery centre, sai kung, www.volcanodiscoverycentre.hk, telefon: 23941538, geöffnet: sa-so 14.00-17.00, preis: 270 hk $, bus: 92 ab mtr diamond hill

(23) Neben dem neuen Dorfkern von Sai Kung sind noch Teile des alten Fischerdorfes **Kwun Mun** erhalten geblieben. Folgen Sie nach dem Kreisverkehr in der Chui Tong Road dem Fußweg am Wasser. Das Leben beginnt hier früh, jedoch meist nur in den Häusern. Spazieren Sie an den alten Gebäuden vorbei und riskieren Sie ruhig mal einen Blick durch eine geöffnete Tür. Oft hört man das Geräusch von Mahjong-Steinen, dem chinesischen Spiel, das auch in Hongkong sehr beliebt ist. Von hier aus hat man einen schönen Blick auf Sai Kung und das Meer.
kwun mun, fisherman village, sai kung, ab der chui tong road dem fußweg folgen, bus: 92 ab mtr diamond hill

(30) Müde vom Herumlaufen? Dann entspannen Sie sich bei einer Massage, Pediküre oder Maniküre von **Sense of Touch**. Für die exquisiten Behandlungen hat der Betrieb schon viele Preise errungen. Während oder nach der Behandlung können Sie sich im Garten ausruhen. An Wochenenden sollten Sie sich rechtzeitig anmelden.
77 man nin street, sai kung, www.senseoftouch.com.hk, telefon: 27912278, geöffnet: mo-sa 9.00-20.00, so 10.00-19.00, preis: massage: ab 350 hk $, bus: 92 ab mtr diamond hill

SENSE OF TOUCH ㉚

Sai Kung

SPAZIERGANG 5 (ca. 8,5 km)

Startpunkt ist der zentrale Busbahnhof von Sai Kung. Die Straße überqueren (mit dem Meer zu Ihrer Linken) und geradeaus, um zu shoppen (1). Richtung Park (2) spazieren, um einen *pineapple bun* zu essen. Ein paar Schritte zurückgehen, dann rechts, um mit dem Boot zu einer der Inseln zu fahren (3). Nach der Rückkehr am Wasser entlang Richtung Busbahnhof gehen (4) (5). Der Promenade bis zum Ende folgen, um ein Kanu zu mieten (6) und unterwegs die Aussicht zu genießen. Zurück zum Promenadenanfang (7) (8). Erneut Richtung Busbahnhof gehen und die Fuk Man Rd überqueren. In die enge Gasse rechts neben dem Eckhaus (9) einbiegen. Dann rechts, links und wieder rechts in die King Man St, wo es herrlichen Kaffee gibt (10). Am Ende der Straße rechts, über die Fuk Man Rd und zum Park beim Kreisverkehr gehen (11). Dem Kreisverkehr gegen den Uhrzeigersinn folgen und in die Po Tung Rd einbiegen, um in Büchern zu schmökern (12). In die erste große Straße links, die Man Nin St (13), abbiegen. Rechts am Platz mit dem Spielplatz befinden sich gute Restaurants (14) (15). Den Platz überqueren, dann erst rechts und danach links. An der Ecke bekommen Sie tollen *high tea* (16). Rechts weitergehen und über die Straße Richtung Tempel (17). Den Parkplatz neben dem Tempel überqueren, dann in die Po Tung Rd, um einen Nachtisch zu naschen (18). Danach links. Um das Lion's Nature Education Centre (19) zu besuchen, der Straße etwa fünf Minuten folgen. Ansonsten am Tempel vorbei in die Gasse (20). Am Ende links und gleich wieder rechts zum Straßenaltar (21). In der ersten Straße links finden Sie die Marmeladenmanufaktur (22). Der Gasse, die eine leichte Rechtskurve macht, weiter folgen. Am Wasser entlang Richtung Kreisverkehr gehen und dort links Richtung Fischerdorf Kwun Mun (23). Zurück Richtung Sai Kung Town und rechts in die Hoi Pong St (24) (25). Links und dann wieder rechts in die See Cheung St, um einen Kaffee zu trinken und zu shoppen (26) (27) (28). Weiter Richtung Kai gehen, wo am chinesischen Tor die Seafood Street beginnt (29). Der Man Nin St am Wasser entlang folgen. Links können Sie sich massieren lassen (30) und geradeaus am Hoi Pong Square Tapas essen (31). Danach das Gebäude rechts umrunden und zurück zum Busbahnhof.

- ○ = Sehenswürdigkeiten
- ● = Essen & Trinken
- ● = Shoppen
- ● = Hongkong live

Sai Kung

5

1. Instyle
2. Sai Kung Café & Bakery
3. Bootsfahrt zu einer Insel
4. Sai Kung Waterfront
5. Fishing Tour
6. Kanu ausleihen
7. Volcano Discovery Centre
8. Hong Kong Global Geopark
9. Querstraße der Fuk Man Road
10. 18 Grams Alley
11. Fuk Man Garden
12. Leisure Book Shop
13. G.O.D.
14. Ali Oli Bakery
15. Jaspas
16. Olde Hong Kong Tea Café
17. Tin-Hau-Tempel
18. Honeymoon Dessert
19. Lion's Nature Education Centre
20. Main Street Home & Gifts
21. Straßenaltäre
22. Let's Jam
23. Kwun Mun
24. Vintage Hong Kong
25. AJ's Sri Lankan Cuisine
26. Colour Brown
27. Final Fragments
28. Kuro Vale
29. Seafood Street
30. Sense of Touch
31. Casa

Lantau Island   6

Lantau Island ist nicht nur Hongkongs größte Insel, sondern mit ihren zahlreichen Attraktionen wie **Big Buddha** und Disneyland dazu noch eine sehr touristische. Auch hier sind die Gegensätze sehr groß: auf der einen Seite das Gedränge bei den Sehenswürdigkeiten, auf der anderen das beschauliche traditionelle Leben in den **Fischerdörfern**. Hongkonger mieten hier gerne eine Unterkunft, um an den weiten Stränden die Ruhe zu genießen, die Natur zu erleben oder Sport zu treiben.

Die Insel besteht mehrheitlich aus **Naturparks**, die von unzähligen Wanderwegen durchzogen sind. Zu den Tieren, die dort leben, gehören auch die Wasserbüffel – jene Rinder, die bei der Arbeit auf den später trockengelegten Reisfeldern zum Einsatz kamen.

Einige Teile Lantaus, wie das unweit von Hongkongs Flughafen gelegene **Tung Chung**, sind dicht besiedelt. Durch den Bau des Hong Kong International Airport in den 1990er-Jahren auf einer künstlichen Insel neben Lantau Island hat sich Tung Chung stark verändert. Große Wohnblocks schossen wie Pilze aus dem Boden und bieten ein imposantes Bild, wenn man an ihnen vorbeifliegt.

Ansonsten befinden sich auf der Insel kleine Dörfer, von denen einige wie etwa **Mui Wo** und **Tai O** touristisch sind und manche, vor allem die an der Ostküste, ihren ursprünglichen Charakter behalten haben. Das kleine Mui Wo wird vor allem von ruhesuchenden Expats bewohnt, die täglich mit der Fähre nach Central fahren. Junge Familien wohnen lieber in der Stadt, sodass neben den Expats hauptsächlich Ältere auf der Insel leben.

NUR KURZ HIER? DIESE HIGHLIGHTS DÜRFEN SIE NICHT VERPASSEN:

+ WISDOM PATH + PFAHLBAUTEN + AUSSICHTSPUNKT
+ MARKTSTÄNDE MIT GETROCKNETEM FISCH + SILVERMINE BEACH

ÜBER DIESEN SPAZIERGANG

Der Spaziergang bewegt sich auf sehr touristischen Pfaden, es sei denn, Sie verbringen die meiste Zeit in den Naturparks. Der Abschnitt von Nr. 6 bis 12 ist als Radtour gedacht. Auch danach ist das Rad eine Option, allerdings stehen Ihnen beträchtliche Höhenunterschiede bevor. Bequemer geht es mit dem Bus. Spätestens in Ngong Ping (Nr. 18) das Fahrrad stehen lassen, um mit dem Bus nach Tai O zu fahren.

+ EIN SPAZIERGANG MIT TOURISTISCHEN HIGHLIGHTS
+ WER KEIN GEDRÄNGE MAG, SOLLTE UNTER DER WOCHE FAHREN
+ EIN TEIL DER STRECKE IST ALS RADTOUR GEDACHT

Sehenswürdigkeiten

⑨ Anders als die meisten Tempel in den dicht besiedelten Teilen der Stadt wird der **Man-Mo-Tempel** nur noch wenig besucht. Errichtet wurde der ursprüngliche Bau zwischen 1573 und 1619, also während der Ming-Dynastie, der heutige Tempel stammt von 1958. Die Wandmalereien, die die Götter Man (Literatur) und Mo (Krieg) zum Inhalt haben, sind ein Foto wert.
an der straße zum silvermine cave und falls, islands nature heritage trail, mui wo, geöffnet: täglich 8.00-17.00, eintritt: frei, fähre: mui wo oder bus: 3m ab mtr tung chung

⑩ Im 19. Jahrhundert war das Mui-Wo-Tal vor allem von den Arbeitern eines Silberbergwerks bewohnt. Besichtigen kann man die **Silvermine Cave** zwar nicht mehr, aber allein der Weg dahin ist schon sehr empfehlenswert. Unterwegs kommen Sie an den wunderschönen Wasserfällen **Silvermine Falls** vorbei. Wer von hier dem Olympic Trail folgt, gelangt zu einem weiteren, etwas versteckten Wasserfall. Der Weg führt über die Fußgängerbrücke zum anderen Ufer und dann hinauf an ein paar Häusern und einer Obstwiese vorbei. Sobald Sie einen unebenen Pfad mit Wasserrohren an der Seite erreichen, ist der Wasserfall nicht mehr weit.
den schildern zu den silvermine falls folgen (abschnitt des olympic trail), fähre: mui wo oder bus: 3m ab mtr tung chung

⑭ Der **Tian-Tan-Buddha**, oder "Big Buddha", wie er gemeinhin genannt wird, ist eine 34 Meter hohe Bronzestatue und eine der bekanntesten Sehenswürdigkeiten der Insel. 1993 fertiggestellt, war die Statue bis 2007 der größte frei stehende Bronze-Buddha Asiens, bis sie von einer zwei Meter höheren Statue in China übertrumpft wurde. Big Buddha, dargestellt auf einem Lotosthron oberhalb eines Altars und von acht kleineren Figuren umgeben, die Götter oder Unsterbliche abbilden, steht symbolisch für die Harmonie zwischen Mensch und Natur, Volk und Glauben. Um die Statue aus der Nähe zu betrachten, müssen Sie allerdings erst 268 Treppenstufen bewältigen.
ngong ping road, ngong ping, geöffnet: täglich 10.00-17.00, eintritt: frei, bus: 23 ab mtr tung chung oder ngong ping 360 ab tung chung

⑮ Das **Po-Lin-Kloster** ist ein 1906 gegründetes buddhistisches Kloster. Im Inneren sind drei Buddha-Statuen zu sehen, die Vergangenheit, Gegenwart und Zukunft repräsentieren. Die große Halle, die 2014 feierlich eröffnet wurde, zeigt, dass sich die Finanzlage des Klosters seit der Errichtung des Big Buddha und dem damit einhergehenden Besucherandrang erheblich verbessert hat. Die alte Halle, die sich direkt hinter der neuen befindet, erzählt von anderen Zeiten.
ngong ping road, ngong ping, www.plm.org.hk, telefon: 29855248, geöffnet: täglich 8.00-18.00, eintritt: frei, bus: 23 ab mtr tung chung oder ngong ping 360 ab tung chung

⑰ Ngong Ping ist der ideale Startpunkt für einen Ausflug zum höher gelegenen und wenig touristischen **Wisdom Path**. Gesäumt wird der Pfad von 38 Baumstämmen, in die die Strophen der Heart Sutra geschnitzt wurden – eines bedeutenden Gebets der Konfuzianer, Buddhisten und Taoisten. Die Anordnung der Baumstämme ist nicht willkürlich, sondern entspricht dem Symbol der Unendlichkeit: ∞.
ngong ping road, ngong ping, 15 gehminuten vom po-lin-kloster

⑲ In **Tai O** lässt sich der Alltag der Fischer hautnah miterleben. An der westlichsten Spitze der Insel gelegen, zählt Tai O zu den letzten echten Fischerdörfern Hongkongs. Keine Supermärkte, keine 24-Stunden-Läden, keine Fast-Food-Restaurants. Das Dorf ist eine etwas chaotische Ansammlung von alten Hütten und zu Wohnungen umfunktionierten Containern auf Stelzen. Verbunden sind sie durch wackelige Brücken, daneben gibt es enge Gassen und schmale Kanäle, in denen Fischerboote liegen. Die lokale Spezialität: getrockneter Fisch, den man hier überall an Wäscheleinen hängen sieht.
tai o, fähre: ab tung chung, bus: 1 ab mui wo, 11 ab mtr tung chung oder 21 ab ngong ping

PO-LIN-KLOSTER ⑮

㉒ Möchten Sie mehr über die Geschichte von Tai O erfahren? Dann besuchen Sie das **Tai O Museum**, dessen Fokus auf die Taifune, die das Dorf mehrfach zerstört haben, die Volksgruppe der Fuzhou Tanka und die Lebensweise der Bewohner gerichtet ist. Die Fuzhou Tanka, "Schiffsvolk", sind ein Fischervolk, das ursprünglich auf Booten wohnte. Die meisten heutigen Fischer gehören diesem Volk an, auch wenn viele die Boote gegen *stilt houses*, Pfahlbauten, eingetauscht haben. Betrieben wird das Museum ehrenamtlich von älteren Einwohnern von Tai O.
tai o rural committee museum, 1-3 wing on street, tai o, telefon: 29856118, geöffnet: di-so 12.30-17.00, entree gratis, fähre: ab tung chung, bus: 1 ab mui wo, 11 ab mtr tung chung oder 21 ab ngong ping

㉙ Typisch für Tai O sind die **Pfahlbauten** (engl. *stilt houses*), Häuser auf Stelzen, die bei Flut im Wasser und bei Ebbe auf dem Trockenen stehen. Da die Häuser eng aneinandergebaut sind, verstehen sich die Bewohner als eingeschworene Gemeinschaft. Türen werden daher nie abgeschlossen, wer es dennoch tut, wird fortan einfach ignoriert.
sun ki big street, tai o, fähre: ab tung chung, bus: 1 ab mui wo, 11 ab mtr tung chung oder 21 ab ngong ping

㉚ Der **Yeung-Hau-Tempel** befindet sich etwas außerhalb von Tai O. Während des traditionellen Drachenbootfestes im Mai oder Juni wird die Statue der Gottheit in einer feierlichen Zeremonie zu einem Drachenboot getragen. Während das Boot in See sticht, verbrennen die Einwohner das sogenannte Höllengeld – ein Zeichen dafür, dass im Dorf alles zum Besten steht.
kat hing back street, tai o, geöffnet: täglich 9.00-18.00, eintritt: frei, fähre: ab tung chung, bus: 1 ab mui wo, 11 ab mtr tung chung oder 21 ab ngong ping

Essen & Trinken

(1) Das winzige **Caffe Paradiso** wird vom englischen Expat Tom betrieben, der starken Kaffee, ein englisches Frühstück und Käse-Schinken-Toasts serviert. Große Restaurantketten sucht man in Mui Wo vergeblich, alle Lokale sind in Händen von Inselbewohnern. Im Dorf wird das Café gemeinhin "Toms Café" genannt, was erstaunlich ist. Denn in Hongkong ist es nicht selbstverständlich, dass Nachbarn sich kennen. Hinweis: Das Paradiso ist hundefreundlich, daher kommen viele Hundehalter in Begleitung ihrer vierbeinigen Freunde.
3 ngan wan road, mui wo, telefon: 29840498, geöffnet: mo-fr 7.30-16.00, sa 7.30-17.00, so 8.30-19.00, preis: 30 hk $, fähre: mui wo oder bus: 3m ab mtr tung chung

(2) Von außen wirkt **The Kitchen** nicht sehr einladend. Gehen Sie trotzdem hinein, denn Sie bekommen hier zu Ihrem Kaffee, Frühstück oder Mittagessen (zum Beispiel köstliche Pizza mit dünnem Boden oder andere italienische Gerichte) Insidertipps über die Insel. Inhaber Mark kennt die Insel wie seine Westentasche und teilt sein Wissen gerne mit seinen Gästen.
18a mui wo ferry pier road, mui wo, telefon: 59916292, geöffnet: täglich 9.00-0.00, preis: 70 hk $, fähre: mui wo oder bus: 3m ab mtr tung chung

(4) Platzmangel ist ein bekanntes Phänomen in Hongkong. Die **Village Bakery** hat sich daher auf zwei Gebäude verteilt – in einem befindet sich die Küche, im anderen der Laden mit Sitzgelegenheiten. Auf der Karte stehen belegte Brötchen, Quiches, Donuts und Törtchen. Tipp: Kaufen Sie etwas Leckeres für ein Picknick am Strand oder für eine Radtour ein.
16 mui wo ferry pier road, mui wo, telefon: 29803344, geöffnet: mo-sa 7.00-19.00, preis: 30 hk $, fähre: mui wo oder bus: 3m ab mtr tung chung

(8) Lantau Island besuchen heißt auch Fisch oder Meeresfrüchte probieren. Unweit der Anlegestelle der Fähre liegen diverse Fischrestaurants, die zusammen das **Mui Wo Cooked Food Centre** bilden. Serviert werden lokale Gerichte wie *salt and pepper shrimp* (gewürzte Garnelen), Gemeine Herzmuscheln (*clams*) in Schwarzbohnensoße oder gedünsteter Fisch mit Ingwer. Begleitet von der herrlichen Aussicht aufs Meer und dem beruhigenden Plätschern des Wassers im Hintergrund schmeckt alles noch besser.
am ende der mui wo ferry pier road, mui wo, telefon: 29842240, geöffnet: täglich 6.00-2.00, preis: 120 hk $, fähre: mui wo oder bus: 3m ab mtr tung chung

⑯ Nach der Bewältigung der 268 Treppenstufen hinauf zum Big Buddha kann man im Po-Lin-Kloster wieder zu Kräften kommen. Das **Po Lin Vegetarian Restaurant** serviert vegetarische Gerichte, die den Körper reinigen. Wem ein kleiner Snack wie *bean curd dessert* (Tofu-Pudding mit Zucker) genügt, der kann das Café daneben ansteuern.

po-lin-kloster neben dem haupttempel, www.plm.org.hk, telefon: 29854736, geöffnet: täglich 11.30-16.30, preis: 80 hk $ oder 100 hk $ (deluxe), bus: 23 ab mtr tung chung oder ngong ping 360 ab tung chung

㉕ Bei den Buden und kleinen Lokalen, die unter dem Namen **Tai O Main Street Snacks** zusammengefasst sind, ist vor allem an Wochenenden viel los. Verkauft werden gebackene Austern, Kräutertees und gratinierte Schalentiere. Zielgruppe sind nicht nur Touristen. Viele Einwohner verkaufen Produkte aus eigener Herstellung, um ihre Einkünfte aus der Fischerei aufzubessern. Die Straße wird zwar Main Street genannt, heißt aber offiziell Market Street.
market street, tai o, geöffnet: wechselnd, fähre: ab tung chung, bus: 1 ab mui wo, 11 ab mtr tung chung oder 21 ab ngong ping

㉗ In Hongkong ist die Eierwaffel ein beliebter Snack. Früher wurden die Waffeln in einem Waffeleisen zubereitet, das auf einem mit Holzkohle gefüllten Baumstumpf stand. Genauso macht es der **Waffelverkäufer** in Tai O nach wie vor. Da er nur einen Baumstumpf besitzt, kann die Warteschlange recht lang werden.
59 kat hing street, tai o, geöffnet: wechselnd, preis: 16 hk $, fähre: ab tung chung, bus: 1 ab mui wo, 11 ab mtr tung chung oder 21 ab ngong ping

㉘ Gerade die jüngere Generation kehrt dem traditionellen Leben in Tai O immer öfter den Rücken. Auch Timmy, der Inhaber von **Solo**, zog zunächst weg, kam dann aber wieder zurück, um sein eigenes Lokal zu eröffnen. Auf der Terrasse des Pfahlbaus kann man wunderbar Kaffee trinken und das Leben auf dem Wasser beobachten. Nicht gerade preiswert, aber das ist auch verständlich, denn Gäste kommen eigentlich nur an Wochenenden.
86 kat hing street, tai o, telefon: 91537453, geöffnet: mo-sa 11.00-18.00, so 10.00-19.00, preis: 40 hk $, fähre ab tung chung, bus: 1 ab mui wo, 11 ab mtr tung chung oder 21 ab ngong ping

㉛ Ein Tai-O-Besuch ist erst perfekt, wenn man dort Fisch gegessen hat. Dafür bietet sich zum Beispiel das **Fook Man Lam Seafood Restaurant** an, das frischen und getrockneten Fisch serviert. Auf der Karte stehen Gerichte wie gebackener Reis und ein Ofengericht mit Meeresfrüchten und Reis. Getrocknete Shrimps findet man in jedem Essen, sogar in "reinen" Gemüsegerichten.
29 market street, tai o, telefon: 29857071, geöffnet: täglich 11.00-20.00, preis: 70 hk $, fähre: ab tung chung, bus: 1 ab mui wo, 11 ab mtr tung chung oder 21 ab ngong ping

㉜ Das Restaurant **Tai O Lookout** gehört zum Tai O Heritage Hotel, das in einer einstigen Polizeistation untergebracht ist. Das Lokal befindet sich in einem Neubau mit Glasdach, in dem Werke lokaler Künstler zu bewundern sind. Nutzen Sie unbedingt die Gelegenheit, von hier aus den Sonnenuntergang mitzuerleben. Wollen Sie im Hotel übernachten, sollten Sie frühzeitig ein Zimmer buchen.
shek tsai po street, tai o, www.taioheritagehotel.com, telefon: 29858383, geöffnet: täglich 7.30-22.00, preis: 150 hk $, 15 gehminuten von der market street

Shoppen

(5) Hongkonger richten ihre Wohnung gerne mit traditionellen chinesischen Möbeln ein. Bei **Red Hall Furniture** bekommen Sie Kommoden, Stühle, Tische und Accessoires – alles keine Originale, dafür aber einigermaßen bezahlbar.
shop 2 g/f, silver pearl mansion, 14 mui wo ferry pier road, mui wo, www.redhallchineseantiques.com, telefon: 29881368, geöffnet: täglich 10.00-18.30, fähre: mui wo oder bus: 3m ab mtr tung chung

(7) An Englishman in ... Hongkong: Terry Boyce wohnt hier schon seit Jahren und betreibt eine Buchhandlung. In seinem **Imprint Bookshop** findet man eine bunte Vielfalt an Gebrauchtbüchern: Bücher für 50 Cent, Dokumente aus der Kolonialzeit, Romane und vieles mehr. Terry plaudert für sein Leben gern und schenkt seinen Gästen für 25 HK-Dollar auch mit Vergnügen eine Tasse Kaffee ein.
silver centre building, mui wo ferry pier road, mui wo, telefon: 29849371, geöffnet: täglich 12.00-18.00, fähre: mui wo oder bus: 3m ab mtr tung chung

(23) **Getrockneter Fisch** ist die Spezialität von Tai O. Verkauft wird er an diversen **Marktständen** im Ort. Wenn Sie durch das Dorf spazieren, sehen Sie an einigen Häusern Wäscheleinen, auf denen der Fisch zum Trocknen aufgehängt ist. Nichts für empfindliche Nasen!
wing on street, tai o, geöffnet: mo-fr 9.00-18.00, sa-so 9.00-21.00, fähre: ab tung chung, bus: 1 ab mui wo, 11 ab mtr tung chung oder bus: 21 ab ngong ping

(26) Im **Souvenirladen von Tai O** gibt es alles Mögliche: Postkarten des Dorfes, aus Muscheln hergestellte Vögel, Schlüsselanhänger mit den rosa Delfinen als Motiv, Halsketten, chinesische Schachteln und vieles mehr. Die Inhaberin ist im Dorf geboren und aufgewachsen und erteilt gern Auskunft über Tai O.
18 market street, tai o, geöffnet: mo-fr 10.30-19.00, sa-so 10.00-20.30, fähre: ab tung chung, bus: 1 ab mui wo, 11 ab mtr tung chung oder 21 ab ngong ping

MARKTSTÄNDE MIT GETROCKNETEM FISCH ㉓

Hongkong live

③ Beim Wort "Asien" denkt man unwillkürlich auch an Massagen und andere Wohltaten für Leib und Seele. Lassen Sie sich im **Spa Ambiance** so richtig verwöhnen und gönnen Sie sich eine Auszeit. Vor allem an einem heißen Tag ist es drinnen herrlich.
3 ngan wan road, mui wo, telefon: 36892527, geöffnet: täglich 9.30-21.30, preis: pediküre ab 100 hk $, gesichtsbehandlung 300 hk $, massage 450 hk $, fähre: mui wo oder bus: 3m ab mtr tung chung

⑥ Sie möchten sich ein bisschen bewegen? Dann sollten Sie sich in Mui Wo **ein Fahrrad ausleihen** und Ort und Umgebung auf zwei Rädern erforschen. Aber beachten Sie Folgendes: Es gibt nur eine Straße, zum Teil flach, zum Teil sehr steil, und die Autofahrer sind nicht auf Radfahrer eingestellt. Deshalb empfiehlt es sich, bunte, auffällige Kleidung zu tragen.
neben dem supermarkt parknshop, 12 mui wo ferry pier road, mui wo, telefon: 21341234, geöffnet: täglich 10.00-19.00, preis: fahrrad 30 hk $/std., 60 hk $/tag, fähre: mui wo oder bus: 3m ab mtr tung chung

⑪ Der **Silvermine Beach** liegt etwas weiter von der Stadt entfernt und ist schlechter erreichbar, aber auch ruhiger als andere Strände. Die Qualität des Wassers an den öffentlichen Stränden wird von der Stadt ständig überwacht – dieser Strand bekommt meistens die Note "befriedigend". Also: Badesachen einpacken und ab zum Südchinesischen Meer.
tung wan tau road, mui wo, fähre: mui wo oder bus: 3m ab mtr tung chung

⑫ Viele Hongkonger grillen leidenschaftlich gern – nicht so einfach, denn die meisten leben in Wohnungen. Um den Grill doch anzünden zu können, suchen sie eine öffentliche Grünanlage oder den Strand auf. Bei Loi Chan Frozen Meat Company kann man sich mit Fleisch für das **Grillen am Strand** eindecken. An einigen Stellen sind feste Grillplätze installiert, sodass man nur Holzkohle mitbringen muss. Auch die gibt es bei Loi Chan.
23a chung hau street, mui wo, www.loichan.com, telefon: 29848346, geöffnet: täglich 8.00-18.00, fähre: mui wo oder bus: 3m ab mtr tung chung

⑱ **AUSSICHTSPUNKT**

⑬ Zu den bestbesuchten Touristenattraktionen Lantaus zählt **Ngong Ping 360**, eine Seilbahn, die Tung Chung mit dem Big Buddha und dem Po-Lin-Kloster verbindet. Die Fahrt ermöglicht eine herrliche Aussicht auf Berge und Flughafen. Tipp: Kommen Sie am besten unter der Woche und kaufen Sie die Tickets online, um lange Wartezeiten zu vermeiden. Angst vor der Gondelfahrt? Dann nehmen Sie den Bus, der bringt Sie in etwa 40 Minuten nach oben.
11 tat tung road, tung chung oder in ngong ping, www.np360.com.hk, telefon: 36660606, geöffnet: mo-fr 10.00-18.00, sa-so 9.00-18.30, preis: einfache fahrt: 115 hk $, hin und zurück 165 hk $, mtr: tung chung exit b oder bus: ab mtr tung chung richtung ngong ping

(18) Vom Wisdom Path führt ein Weg hinauf zu einem **Aussichtspunkt**, von dem Sie auf das Südchinesische Meer und den Big Buddha blicken. Wer gerne wandert, geht bis nach Tai O (Länge: ca. elf Kilometer). Folgen Sie dazu erst den Schildern Richtung Sham What Road, danach Richtung Man Cheung Po und zum Schluss Richtung Tai O.
vom wisdom path weiter hinaufgehen, ngong ping

(20) Die **Promenade** von Tai O wurde neu angelegt und wirkt nicht sehr eindrucksvoll. Ihre Besonderheit kommt erst in der Dunkelheit zur Geltung, wenn die Inselbewohner hierherkommen, um den phänomenalen Sternenhimmel zu bestaunen, der sich anderswo in Hongkong hinter dem Großstadtdunst versteckt. Links zu sehen: die alte Salzpfanne, die dem Dorf jahrhundertelang Einkünfte bescherte.
tai o promenade, tai o, fähre: ab tung chung, bus: 1 ab mui wo, 11 ab mtr tung chung oder 21 ab ngong ping

(21) Der Hitze des Sommers entfliehen Inselbewohner mit Vorliebe im **Infinity Pool**. Etwa 25 Gehminuten von der Promenade von Tai O entfernt liegt die Quelle, in der man sich abkühlen und eine grandiose Aussicht genießen kann. Auch wenn es nach dem Willen der Regierung mit dem Baden bald vorbei sein könnte, lohnt sich der Weg. Folgen Sie am Ende der Promenade rechts den Schildern Richtung Man Cheung Po. Wenn Sie bei einer Treppe die Schilder "Tai O 2 km" und "Man Cheung Po 2,5 km" sehen, geradeaus weiterlaufen, nicht den Schildern folgen. Die zweite Treppe hinaufgehen, vorbei an einem weiß-blauen Haus, dann kommen Sie zum Infinity Pool.
25 gehminuten ab promenade in tai o, fußweg am wasser entlang, tai o

(24) Das Meer vor Hongkong und Macau ist die Heimat seltener rosa Delfine. Wer sie beobachten möchte, kann an einer Bootsfahrt teilnehmen. Da die Population stark dezimiert ist, bekommt man sie allerdings nicht immer zu Gesicht. Um den Bestand zu schützen, fordern Umweltorganisationen, dass Landgewinnungs- und andere Großprojekte wie die Flughafenerweiterung gestoppt werden. Während der **Bootsfahrt** kommt man auch an Pfahlbauten vorbei, die vom Wasser aus ganz anders wirken.
market street, tai o, geöffnet: täglich 9.00-18.00, preis: 30 hk $, fähre: ab tung chung, bus: 1 ab mui wo, 11 ab mtr tung chung oder 21 ab ngong ping

Lantau Island

S P A Z I E R G A N G   6   (ca. 45 km inkl. Rad- und Bustour)

Vom Anleger der Fähre in Mui Wo aus links das Gebäude umrunden, um einen Kaffee zu trinken ❶. Dann am Wasser entlanggehen. An der Ecke finden Sie The Kitchen ❷. Zurückgehen und links in die Ngan Wan Rd ❸. Am Ende warten Snacks ❹ und Möbel ❺. Oder gleich den Spaziergang rechts fortsetzen. Ein Fahrrad ausleihen ❻ und beim Kreisverkehr einen Buchladen besuchen ❼. Jenseits des Kreisverkehrs Meeresfrüchte probieren ❽. Weiter am Wasser entlang. Am Ende rechts über die Brücke, dann gleich links. Nach den Sportplätzen rechts und gleich wieder links. Den Schildern "Olympic Trail" etwa zehn Minuten folgen. Nach den alten Häusern kommt ein Tempel ❾. An der Kreuzung links hinauffahren ❿. Zur Kreuzung zurück, der Linkskurve folgen und dann den geteerten Weg nach rechts nehmen. Nach den Häusern auf Ihrer Rechten links und beim Strand links über die Brücke ⑪. Zurückfahren und in der Chung Hau St Fleisch kaufen ⑫. Erneut Richtung Strand und am Ende über die Brücke. Danach links Richtung Zentrum. Das Fahrrad zurückgeben und den Bus (Bus 2 nach Ngong Ping) nehmen oder mit dem Fahrrad weiterfahren. Vom Busbahnhof geht es links an der weißen Mauer entlang Richtung Seilbahn ⑬. Zurückgehen und den Schildern "Big Buddha" folgen ⑭ ⑮ ⑯. Vom Wisdom Path ⑰ hinauf zum Aussichtspunkt ⑱ spazieren. Zurück nach Ngong Ping. Von hier mit Bus 21 (30 Min.) nach Tai O oder mit der Seilbahn nach Tung Chung und dann mit dem Bus nach Tai O (70 Min.). In Tai O ⑲ geht es vom Busbahnhof Richtung Promenade ⑳. Am Promenadenende rechts, den Schildern "Man Cheung Po" folgen. Wenn Sie bei einer Treppe auf die Schilder "Tai O 2 km" und "Man Cheung Po 2,5 km" stoßen, den Schildern nicht mehr folgen, sondern geradeaus gehen. Die zweite Treppe hinaufgehen, vorbei an einem weißblauen Haus ㉑. Zurück nach Tai O. Dort nicht die Promenade nehmen, sondern den Weg rechts daneben. Am Ende links in das Dorf hineingehen ㉒ ㉓. Die erste Straße links, die Brücke überqueren ㉔, dann in die Market St ㉕ ㉖. Der ersten Straße rechts folgen ㉗ ㉘. Am Ende rechts das Wasser überqueren ㉙. Zurück über die Brücke und rechts Richtung Tempel ㉚ abbiegen. Zurückgehen und in der Kat Hing Back St ㉛ bleiben. Den Schildern Richtung Heritage Hotel folgen. Etwa 15 Minuten mit dem Meer zu Ihrer Linken weitergehen ㉜. Zurück zum Zentrum und dort Bus 2 nach Mui Wo oder Bus 11 nach Tung Chung nehmen.

6

1. Caffe Paradiso
2. The Kitchen
3. Spa Ambiance
4. Village Bakery
5. Red Hall Furniture
6. ein Fahrrad ausleihen
7. Imprint Bookshop
8. Mui Wo Cooked Food Centre
9. Man-Mo-Tempel
10. Silvermine Falls & Cave
11. Silvermine Beach
12. Grillen am Strand
13. Ngong Ping 360
14. Tian-Tan-Buddha (Big Buddha)
15. Po-Lin-Kloster
16. Po Lin Vegetarian Restaurant
17. Wisdom Path
18. Aussichtspunkt
19. Tai O
20. Promenade
21. Infinity Pool
22. Tai O Museum
23. Marktstände mit getrocknetem Fisch
24. Bootsfahrt
25. Tai O Main Street Snacks
26. Souvenirladen von Tai O
27. Waffelverkäufer
28. Solo
29. Pfahlbauten
30. Yeung-Hau-Tempel
31. Fook Man Lam Seafood Restaurant
32. Tai O Lookout

Ⓐ **WONG TAI SIN TEMPEL**

Noch Zeit übrig?

EXTRA TIPPS

Wenn Sie den im Guide beschriebenen Spaziergängen folgen, kommen Sie an zahlreichen Sehenswürdigkeiten vorbei. Es gibt aber natürlich noch vieles zu sehen, das nicht in die Spaziergänge aufgenommen werden konnte. Unten finden Sie eine Aufstellung. Einiges davon befindet sich nicht in Laufweite des Zentrums. Mit öffentlichen Verkehrsmitteln sind aber alle Orte gut erreichbar. Die Buchstaben der Sehenswürdigkeiten finden Sie vorne in der Übersichtskarte wieder.

(A) Der **Wong-Tai-Sin-Tempel** dient gleich drei Religionen als Gebetshaus: dem Taoismus, dem Buddhismus und dem Konfuzianismus. Die Anlage, die von Einheimischen gern besucht wird, entspricht dem Feng-Shui. Die fünf Elemente Erde, Holz, Wasser, Feuer und Metall sind sowohl im Gebäude als auch im Interieur vertreten.
2 chuk yuen village, wong tai sin, kowloon, www.siksikyuen.org.hk, telefon: 23278141, geöffnet: täglich 7.00-17.30, eintritt: frei, mtr: wong tai sin exit b2

(B) Die chinesische Gartenkunst hat eine jahrhundertealte Tradition. Ein schönes Beispiel stellt der 3,5 Hektar große **Nan Lian Garden** dar, der einem Garten der Tang-Dynastie (618–907) entspricht. Ob Stein, Pflanze oder Brücke – alles wurde mit Sorgfalt ausgewählt und platziert. Wer mehr darüber erfahren will, kann die Ausstellung besuchen. Für die zwischenzeitliche Stärkung bietet das vegetarische Restaurant Mittagessen oder Snacks an.
60 fung tak road, diamond hill, kowloon, www.nanliangarden.org, telefon: 36589366, geöffnet: täglich, eintritt: frei, mtr: diamond hill exit c2

(C) Die Volksgruppe der Hakka ist ein altes Nomadenvolk, das früher streng abgeschieden vom Rest der Bevölkerung auf Hausbooten und in eigenen Dörfern lebte. Das **Sheung Yiu Folk Museum im Naturpark Sai Kung Country Park** ist so ein altes Hakka-Dorf und zeigt, wie die Menschen früher lebten. Zu besichtigen sind unter anderem eine Küche, ein Stall und ein Aussichtsturm.
pak tam chung nature trail, sai kung, new territories, telefon: 27926365, geöffnet: mi-mo märz-sept. 10.00-18.00, okt.-febr. 10.00-17.00, eintritt: frei, bus: 94 pak tam chung, danach 15 gehminuten (nature trail folgen)

Ⓓ Die Städter zieht es an Wochenenden oft in Scharen an die Strände. Einer der bekanntesten und saubersten ist der **Shek O Beach**. Viele Besucher verbringen hier den ganzen Tag und gehen zum Essen in eines der zahlreichen kleinen Restaurants am Strand oder in der Nähe. In der Big Wave Bay, etwas weiter nördlich, haben Surfer ihr eigenes Paradies.
shek o road, shek o, hong kong island, telefon: 28094557, geöffnet: strandaufsicht täglich 9.00-18.00, bus: 9 von mtr shau kei wan nach shek o

Ⓔ Hongkong verfügt über ein dichtes Netz an Wanderwegen mit einer Gesamtlänge von mehr als 300 Kilometern. Wanderer können zwischen vier langen Routen, **trails** genannt, wählen, die man natürlich auch abschnittsweise absolvieren kann. Die bekanntesten führen zum Dragon's Back und Lion Rock, der eine tolle Aussicht auf die New Territories und Kowloon bietet. Mit ein wenig Glück begegnet man unterwegs Affen.
hong kong island & kowloon, www.hiking.gov.hk, www.discoverhongkong.com, dragon's back: startpunkt shek o road bei to tei wan village (mtr: shau kei wan exit a3, bus: 9 nach shau kei wan busbahnhof und von dort zu fuß nach to tei wan)

Ⓕ In 30 Minuten bringt Sie die Fähre nach **Lamma Island**. Dort können Sie eine schöne Wanderung unternehmen: Starten Sie in Yung Shue Wan mit einem Kaffee und einem kleinen Bummel. Dann geht es zum **Hung Shing Yeh Beach**, wo Sie sich mit lokalen Snacks wie *dau fu fa*, einem Pudding aus Sojabohnen und braunem Zucker, stärken können. Laufen Sie weiter nach **Sok Kwu Wan**, wo Sie gut Fisch essen können und die Fähre zurück nach Central ablegt.
abfahrt ab central ferry pier 4, central, ferry: pier 4 nach yung shue wan

Ⓖ Ursprünglich war die **Kowloon Walled City**, die ummauerte Stadt von Kowloon, ein Fort, bis sie als Zentrum von Hongkongs Opiumanbau zu einem gefährlichen Ort verkam, an dem Mafiosi, Kriminelle und Prostituierte das Bild prägten. In den 1990er-Jahren wurde das Gebiet komplett geräumt, dem Erdboden gleichgemacht und ein großer Park errichtet. Der Kowloon Walled City Park ist ein Eldorado für Spaziergänger und Ruhesuchende und beherbergt noch einige Überreste der alten Stadt und der Befestigung. Wer während des Besuchs Appetit bekommt, hat es nicht weit zu einem der vielen Thai-Restaurants südlich des Parks.
tung tsing road, kowloon, bus: 1 nach tung tau tusen road

(J) **SHAM SHUI PO**

(H) Das Naturschutzgebiet **Mai Po Nature Reserve** können Sie nur im Rahmen einer vom WWF organisierten Wanderung besichtigen. So soll die Natur im Park geschützt werden. Über Holzstege durchquert man ein Sumpfgebiet, in dem zahlreiche Vögel leben. Auf eigene Faust erkundbar, aber etwas weniger beeindruckend ist der Hong Kong Wetland Park. Es empfiehlt sich, frühzeitig Zugangskarten zu reservieren.

mai po, yuen long, new territories, www.wwf.org.hk, telefon: 24820369, tours: siehe website, preis: 120-380 hk $, mtr: sheung shui exit c, dann bus: 76k nach mai po village und 15 gehminuten zum haupteingang

(I) Trotz der schnell voranschreitenden Modernisierung verfügt Hongkong nach wie vor über zahlreiche historische Gebäude. An der Wanderroute **Ping Shan Heritage Trail** liegen unter anderem Bauwerke aus der späten Yuan-Dynastie (1271–1368), alte Tempelanlagen, eine Pagode und drei Dörfer, von denen eines ummauert ist.
ping shan heritage trail, yuen long, new territories, telefon: 27212326, geöffnet: di-so 10.00-17.00, eintritt: frei, mtr: tin shui wai exit e

(J) **Sham Shui Po** ist ein Armenviertel mit großen Wohnblocks, aber auch mit einem ganz eigenen Charakter, der einen Besuch unbedingt lohnt. Interessant sind vor allem die unzähligen kleinen Läden mit diversen preisgünstigen Produkten. Internationale Ketten findet man hier nicht. Die **Apliu Street**, in der die Waren teils auf dem Boden liegen, ist ein Paradies für Elektronikfans. Da es angelockt von den niedrigen Mieten immer mehr Kreative in diesen Teil der Stadt zieht, verfügt Sham Shui Po mittlerweile auch über einige Galerien. Die Lebensumstände in diesem Viertel sind nicht ideal, viele Familien hausen beengt in kleinen Zimmern. Im **Museum Heritage** of **Mei Ho House** kann man sich über das hiesige Leben seit den 1950er-Jahren informieren.
sham shui po, kowloon, mtr: sham shui po

(K) Wie die Insel **Ap Lei Chau** ist auch die Kleinstadt **Aberdeen** südlich von Hongkong sehr aufstrebend. Angeblich hieß Aberdeen ursprünglich Hongkong, bis erste ausländische Besucher diesen Namen für die ganze Halbinsel verwendeten. Früher wurden hier im großen Stil *sampans*, Holzboote, hergestellt, die man heute für einen Ausflug aufs Meer mieten kann. Für Frühaufsteher ist der Fischmarkt ein Muss. Ein Touristenmagnet ist auch das **Aberdeen Jumbo Floating Restaurant**. Interessanter sind jedoch die alten Fabrikhallen auf der Insel **Ap Lei Chau**, die viele kleine Restaurants beherbergen. Einen Besuch wert: **MUM Veggie + Coffee + Sweet**, **Artichoke Canteen** und **Choice Co-operative**.
aberdeen, hong kong island, bus: 70 ab mtr central, 91 ab central ferry pier oder 973 ab tsim sha tsui

Übernachten

TOLLE HOTELS IN UNSEREN LIEBLINGSSTADTTEILEN

Ein bequemes Bett, ein leckeres Frühstück und eine schöne Einrichtung machen ein gutes Hotel aus. Aber mindestens genauso wichtig ist die Lage eines Hotels. Denn der Aufenthalt wird erst richtig perfekt, wenn man von der Lobby direkt in ein lebendiges Stadtviertel eintauchen kann.

Auf **www.100travel.de** finden Sie eine Übersicht über empfehlenswerte Hotels für jedes Budget. Und natürlich können Sie Ihr Hotel auch direkt über unsere Webseite buchen.

FINDEN UND BUCHEN SIE IHR HOTEL AUF WWW.100TRAVEL.DE

Index

SEHENSWÜRDIGKEITEN

admiralty	17
asia society hong kong center	23
avenue of stars	79
big buddha	119
blackhead point signal tower	80
catholic cathedral of the immaculate conception	23
causeway bay	57
central	17
city gallery	20
city hall	20
clock tower	79
court of final appeal	20
dr. sun yat-sen museum	39
finanzzentrum	17
fischerdörfer	117
flagstaff house museum of tea ware	22
fuk man garden	99
golden bauhinia square	61
government offices	19
hauptsitz der hsbc-bank	20
hkma information centre	19
hong kong cemetery	60
hong kong convention & exhibition centre	61
hong kong heritage museum	13
hong kong maritime museum	19
hong kong museum of art	79
hong kong museum of history	79
hong kong museum of medical sciences	39
hong kong racing museum	59
hong kong zoological and botanical gardens	23
june 4th museum	80
kennedy town	37
k.s. lo gallery	23
kowloon	77
kowloon walled city	138
kwong fuk ancestral hall	39
lantau island	117
legislative council	19
lion's nature education centre	99
lo-pan-tempel	41
man-mo-tempel lantau island	119
man-mo-tempel sheung wan	39
mei ho house	141
memorial garden	20
mong kok	77
museum heritage	141
nan lian garden	137
nathan road	80
noon day gun	59
pak tai temple	61
pfahlbauten	123
ping shan heritage trail	141
po-lin-kloster	120
possession street	37
sai kung	97
sai ying pun	37
sham shui po	141
sheung wan	37
sheung yiu folk museum	137
signal hill	80
silvermine cave	119
silvermine falls	119
st. andrew's church	80
st. john's cathedral	21
st. mary's church	59
statue square	20
straßenaltäre	99
sun yat-sen memorial park	41
symphony of light	79
tai o	120
tai o museum	123
tai-wong-tempel	61
tamar park	19
tin-hau-tempel sai kung	99
tin-hau-tempel yau ma tei	81
tsim sha tsui	77
tung chung	117
victoria harbour	17
victoria peak	17
villain hitting	59
volcano discovery centre	99
wanchai	57
western market	41
wisdom path	120
wolkenkratzer	17
wong-tai-sin-tempel	137
yau ma tei	77
yeung-hau-tempel	123

ESSEN & TRINKEN

18 grams	100
18 grams alley	100
22 ships	64
208 duecento otto	44

aberdeen jumbo floating restaurant	141	gutlee sushi	47	serenade	83
afternoon tea im "the pen"	83	honeymoon dessert	103	sister wah	12
aj's sri lankan cuisine	103	hotpot	14	soho	26
ali oli bakery	100	jaspas	101	sok kwu wan	138
artichoke canteen	141	k-town bar & grill	47	solo	127
australia dairy company	84	kava	86	sweet	141
beef & liberty	64	kitchen, the	124	tai o lookout	127
bo innovation	64	l16	24	tai o main street market snacks	126
brew bros coffee	42	le bistro winebeast	64	teakha	43
café 8	24	lab made	62	under bridge spicy crab	63
café deadend	42	let's jam	103	village bakery	124
caffe paradiso	124	lin heung tea house	14	waffelverkäufer	127
casa	104	lkk	84	yung kee restaurant	26
chan kan kee chiu chow restaurant	44	lockcha tea house	24		
		locofama	47	**SHOPPEN**	
choice co-operative	141	mido cafe	86	45r	69
cinta-j restaurant & lounge	65	minden avenue	84	canton road	88
city hall maxim's palace	24	mingji shanghai snacks	44	cat street	48
coffee	141	mong kok streetfood	86	central farmers market	15
colette's	26	mr. bing	14	chinese arts & crafts	69
colour brown	104	mui wo cooked food centre	124	chu wing kee	48
common ground	42	mum veggie	141	feelsogood lifestyle store	66
dai pai dong ohne namen	62	namdaemoon one korean restaurant	84	final fragments	109
da ping huo	26			g.o.d.	106
dim sum square	42	olde hong kong tea café	103	hold addall	88
din tai fung	83	ozone bar	15	hollywood road	48
expresso coffee bar	62	peak lookout, the	30	hong kong design gallery	69
felix	84	po lin vegetarian restaurant	125	ifc mall	29
fish & chick	47			imprint bookshop	128
fish & meat	25	querstraße der fuk man road	100	in's point	88
fook man lam seafood restaurant	127			instyle	106
		ramen kureha	62	jade hawker bazaar	88
fung ming yuen	83	roundhouse taproom, the	27	jardine's crescent street market	66
good hope noodle restaurant	86	sai kung café & bakery	100		
		seafood street	104	kam yuen company tea shop	49
grand stage	44	seorae	84		

kapok	69	chungking mansions	91	promenade	133
konzepp	48	fahrrad ausleihen	130	sai kung country park	137
kubrick	92	fishing tours	111	sai kung waterfront	111
kuro vale	109	fringe club	33	sampan	70
ladies' market	89	goldfish market	92	sense of touch	112
lanes, the	29	grillen am strand	130	shek o beach	138
leisure book shop	106	happy valley racecourse	70	sheung wan wet market	51
liger	66	herbal tea shop	50	silvermine beach	130
main street home & gifts	106	hollywood road park	50	spa ambiance	130
marktstände mit getrocknetem fisch	128	hong kong cultural centre	91	star ferry	30
me & george	89	hong kong global geopark	112	straßenbahnfahrt	53
mr simms olde sweet shoppe	29	hong kong house of stories	73	symphony of light	79
nlostnfound	69	hong kong observation wheel	30	temple street night market	92
red hall furniture	128	hong kong park	33	trails	138
sogo	66	hung shing yeh beach	138	victoria park	70
tai o souvenirladen	128	infinity pool	133	victoria peak, the	30
times square shopping mall	67	jaffe road	73	wing lok street	52
trendy zone	88	kanu ausleihen	111		
vintage hong kong	109	kowloon park	91	**ÜBERNACHTEN**	**143**
		kräutergarten	53		
HONGKONG LIVE		kwun mun	112	**UNTERWEGS**	
aberdeen	141	lamma island	138	airport bus	8
above second	53	leisure garden	97	airport express	8
ap lei chau	141	lockhart road	73	fähre	9
aplui street	141	lover's rock	70	hong kong international airport	8
aqua luna	91	mai po nature reserve	140	minibus	8
aussichtspunkt	133	man wa lane	50	mountainbiketouren	11
bank of china tower	33	meeresufer in kennedy town	53	mtr	8
bird garden	92	mid-levels escalators	33	octopus card	8
bootsfahrt	133	naturpark auf lantau island	117	rad	11
bootsfahrt zu einer insel	111	ngong ping 360	132	stadtbus	8
broadway cinematheque	92	paper offerings	53	straßenbahn	8
central plaza	73	peak tram, the	30	taxi	9
cheung kong park	30	pferderennen in shatin	15	u-bahn	8
		pmq	50	zug	8

Impressum

Dieser 100% Cityguide wurde mit großer Sorgfalt zusammengestellt. Der mo media Verlag ist nicht verantwortlich für eventuelle inhaltliche Fehler. Anmerkungen oder Kommentare können Sie gern an **mo media GmbH, Elisabethkirchstraße 17, 10115 Berlin** oder per Mail an **info@momedia.com** richten.

autoren
Annemarelle van Schayik,
Marijn Immink
fotografie
Vincent van den Hoogen, Nancy Lee
übersetzung
bookwerk Köln/München
lektorat:
Caroline Kazianka (für bookwerk)
schlussredaktion
Annette Steger
konzeptgestaltung
Studio 100%
gestaltung & lithografie
Mastercolors Mediafactory
kartografie
Van Oort Redactie en Kartografie

100% Hongkong
ISBN 978-3-95831-016-2

© mo media GmbH, Berlin
September 2015

Alle Rechte vorbehalten. Kein Teil dieser Ausgabe darf ohne vorherige schriftliche Einwilligung des Verlages in irgendeiner Form reproduziert oder unter Verwendung elektronischer Systeme verarbeitet, vervielfältigt oder verbreitet werden.

100% CITYGUIDES